予約殺到の東大卒
スーパー家庭教師が教える

中学受験 自走モードにするために 親ができること

長谷川智也
（ジュクコ）

講談社

まえがき　なぜ今中学受験なのか

僕の両親はともに高卒で、親父は真面目な昭和的普通のサラリーマン家庭。経済的余裕がないことから、僕は東京大学理科2類に合格後、入学と同時に塾講師や家庭教師のアルバイトを始めました。

以来今日にいたるまで、ずっと子どもたちへの指導を続け、今ではフリーランスのプロ家庭教師としてほぼ毎日、どこかの家庭を訪問し続けています。

アルバイトを始めた当時は、僕自身が中学受験の経験者ということで、来る仕事の大半が中学受験の、しかも算数指導ばかりでした。

最初に担当したのは中学受験の大手塾「サピックス」に通っている生徒です。その後、日能研、四谷大塚、早稲田アカデミーといった中学受験専門塾に通う生徒の指導が続き、学生時代のアルバイトで、主な塾のカリキュラムを一通り吸収しました。

その後、とある大手塾で数年間契約講師を勤めた時には、小中高すべての学年を受け持つことに。この塾は大手といえど、いわゆる超エリート塾ではなく、種々雑多な子どもたちが、それぞれの悩みを抱えながらそれでも楽しくやっていくような塾でした。ここで、「中学受験を経験している子」と「していない子」の歴然たる差を、僕ははじめて目にすることになります。また、公立中というものの実態もはじめて体感しました。

もちろんプロですから、自分の生徒を「いい高校に入れたい」と願い、子どもたちに伴走していきます。ですが、最初のころは、全くうまくいきませんでした。というのも、僕は「学力さえあげればなんとかなる」と思っていたのです。

ところが公立中は、学力だけが高くても、内申点や学校での態度など別の要素が大きく影響して、その子の学力からすると「妥当な」学校に入れるだけでも大変。また、大人が思っているような「学校とは手取り足取り教えるものだ」という感覚は、すでに古くなってしまっている、ということも教務体験として理解しました。

公立中の実態は、ゆとり教育以降、かなり変わってしまったと言えます。その是非はみなさんに委ねますが、「大学受験」という観点からみると〝効率が悪すぎる〟と言わざるを得ない実態があるのです。

今、手元にある「2021年の東大合格者数高校ランキング」では、上位20位のうち、公立の高校は東京の日比谷高校と、神奈川の翠嵐高校、埼玉の県立浦和高校のみです。あとは、愛知の岡崎高校が入るかどうかといったところ。この年は、コロナ自粛の影響で非常に公立が有利だったのですが、この結果です。

京大のランキングでは、まだ府立茨木高校や県立奈良高校など、県立・府立が割って入っていますが、この傾向もやがては変わるかもしれません。

それは、次のような中学受験および中高一貫校のメリットが大きく関係します。

- 中学受験の勉強時に、幅広く、論理性を伴う深い知見を学習できること
- 中高一貫による、効率の良い教育システムがより洗練されてきていること
- 学習意識の高い友人、家庭が当たり前に周りにいること
- 平均して、非常に学力レベルの高い教師陣がいること

こうしたことが主な原因となり、中学受験は、その先の大学受験を考える上で、非常に有利なものとなっています。中学受験を経験していない子は、講師側からはすぐにわかるくらい、基礎的なところで大きな差が生まれています。

今の教育界を見渡せば、特に都市部では、経済的に許すのであれば中学受験をおススメしたいというのが、僕の本音です。

とはいえ、経済的にもそうですが、中学受験はご家庭ならびにお子さんに大きな負担を強います。

僕も自分が中学受験をしていたときは、本当に地獄のような毎日でしたので、とても戻りたいとは思えません。僕がやっているブログ「お受験ブルーズ」でも、日々、親御さんや生徒さんの悲痛にも似た叫びが届いています。

ところで、僕は10年ほど前から、「スーパーコンサル」という名称で、単発で受験のアドバイスを行う、独自の授業を行なっています。この単発のコンサルティングはクチコミで広がり、ここ数年は年に200軒以上の依頼を受けていて、先日計算してみたら、これまでに2500軒を超えるご家庭を訪問していました。

「スーパーコンサル」を通じて、あらゆる地域の、さまざまな学校（有名進学校含む）・塾・予備校に通う子どもたちと、その親御さんたちに出会ってきました。けれども、その中にも「スムーズにいっている」「順調にいっている」ご家庭など、一つもありません。やはり、受験はそう甘くはありません。

この度は、その〝甘くない〟中学受験をテーマに、一冊の本をまとめる機会をいただきました。

中学受験は僕の主戦場です。生徒たちのその小さな背中をみるたびに、自分の中学受験のころの辛さ、やるせなさを思い出し、シンパシーを今だに感じています。

今、またはこれから中学受験に挑まれる皆さまの、悩みや苦しみにできうる限り、応えていきたいと思います。

本書のキーワードは、「自走モード」です。

20年の経験を経て見えた、受験戦略の、いわば「北極星」とお考えください。たとえ親子共に道に迷っても、そこにさえ向かえば進むべき方向性は見えてくるのです。

それでは、「自走モード」とは何か、じっくり紐解いてまいりましょう！

長谷川智也

目次

第2章 うちの子を「自走モード」にする道筋とは

第3章 目指せ「自走モード」作戦会議(Q&A)

第4章 我が子を伸ばす運命校を見つけよう

序章

中学受験にも「セカンドオピニオン」を

悩める受験家庭を救う「スーパーコンサル」

本題に入る前に、まずは僕がやっている「究極の受験セカンドオピニオン・スーパーコンサル」の話をしておきましょう。

それは簡単に言うと、普段家庭教師として訪問していないご家庭を対象に、2時間の単発で行う「受験アドバイス」です。始まりは、2011年の夏にふと思いついたアイデアでした。

知り合いから「高校生の息子が早稲田大学に行きたいと言っているが、問題集はどれが良いか」という相談を受けたのがきっかけです。実際にその家に行って話を聞いてみると、単発のアドバイスは、通常の家庭教師とは違うメリットがあることに気づきました。まず一回が前提なので、家庭にとっては経済的にも心情的にも気楽なこと。そしてポイントを絞って濃密に相談できること。

また僕にとっても、受験生が直面している悩みを聞くことで、塾、学校、教育熱など、その地域ごとの事情が自然に入ってくるのです。

そこで、「スーパーコンサル」という名前で、家庭教師としての通常の授業を1時間ほど行い、そのあとでその子の課題、これからの勉強方法、志望校などをじっくりアドバイスするメニューを思いついたわけです。

「ま、初めての試みやし、夏休み期間限定で募集してみよう。1人か2人くらいは問い合わせがあるかな……」

と、のんきに構えていました。当時少しずつアクセス数が伸びていたブログのみの募集告知でしたが、フタを開けたら複数の家庭が応募してくれたのです。

その夏、結果的にコンサルティングの試みはどの家庭でも大好評でした。

「勉強のやる気なし。どうしたらいいの」

という漠然とした悩みから、

「今通っている塾がイマイチ信用できない。このテキストをやるだけでほんとに〇〇中学は大丈夫か」

といった具体的な相談まで、その場でダイレクトに応えることで、子どもだけでなく、その親（特に母親）のホッとした顔を見ることができたのです。中には「家計が厳しいので、単発でありがたかった」と話してくださるお母さんも。

手応えを感じた僕は、翌夏以降も「スーパーコンサル」を募集。ブログとクチコミだけで、毎年どんどん広がっていきました。

そしていつのまにか、夏の恒例行事となり、7月と8月はコンサル予定でビッシリ埋め尽くされるように。今でこそオンラインも利用しますが、当時は炎天下を一日4軒、朝から晩まで、移動につぐ移動。西へ東へ、上へ下へ（マンションも多い）、汗だくでかけ回り、多い年はひと夏だけで50軒を訪問していました。

やがてコンサルティングへの問い合わせは季節を問わず入るように。現在は一年を通じて、遠方も含め、体が許す限り受けています。

僕にとっては、たくさんの受験生家庭で話を聞くので、あらゆる生の情報が自然に入ってくるのがありがたい。状況がアップデートでき、受験オタクとしての探究心も満たされます。何より僕のアドバイスで多くの家庭を救えるというのは、とても幸せな日々です。

さて、コンサルティングの中身ですが、どの訪問先でも、まずは時間が許す限り、最初の一時間は直近のテストの問題用紙と解答用紙を見せてもらいます。

「うちの子、○○中学に受かりますか？」

「うちの子、全然勉強しないんですけど、どうしたらいいんですか」

などとお父さん、お母さんによく聞かれます。

その答えは、その子の問題用紙と解答用紙を見れば、僕にはだいたいわかります。

でも、親御さんも塾の先生も、ここをじっくり見ていない方が多いようです。

プロ家庭教師・ハセガワ

家庭教師は
もちろん本気で
やっていますが
実は
もう1つの姿が……
甲冑メタルバンドの
バンドマンやで！
（普段は関西弁です）
ギュイイーーン
そのため
甲冑姿でSNSに
登場することも
大手中学受験塾
良いところ
悪いところ
と対処法
初めての家庭では
甲冑で
いらっしゃるのかと
思っていました
なんでやねん
と言われることも
重たいから
日常は無理です

どうやってわかるのか、そして、わかった後にどうすればいいのか。それは、本書の中で解き明かしていきましょう。

また、この場で、どうしても先に、親御さんにお伝えしたいことが3点あります。

1、「どうにもならなかった子」はこれまで一人もいなかった、という事実

2、受験において戦い方には〝パターン〟がある。そのパターンを認識して、親が自分たちの勝ち方を考えることが何より大切だ、ということ

3、戦い方のパターンとして、子どもは「自走モード」にもっていければ、たとえ紆余曲折があっても大丈夫だ、ということ

正確にいいますと、中学受験の時点で「どうにもならなかった子」は、これまで3人ほどいたのです。でもその子たちも、中学受験の経験を糧として、高校受験、大学受験では結果的に素晴らしい成長を見せてくれました。

この経験を経て、子どもを「自走モード」にもっていければ、挫折も力にしていける、長じて子どもは伸びて行くのだ、と確信しています。

子どもの「自走モード」とは何か？
この本では、中学受験を切り口に展開していきます。

本書の構成はシンプルに4つ

本書の構成は次のようになっています。

第1章　悩めるお父さん、お母さんへ。中学受験は「戦略」次第です

まさに今、中学受験の悩みにドはまっているお父さん、お母さんに。
まずは冷静になり、戦略として受験を捉えるための「心構え」を。読むだけで、受験や子育ての全体を見渡したり、ホッと落ち着けたりするトピックスを紹介しています。

第2章　うちの子を「自走モード」にする道筋とは

幼児から高校生まで、あらゆる学齢のご家庭に。お子さんがまだ小さいという家庭や、逆に受験勉強に行き詰まっていて、「急ぎ仕切り直したい」という方も参考にしていただけます。この章では、「自走モード」をキーワードに、理想的な「型」を紹介。この型こそ、僕がこれまでの経験の中から見えてきたものです。中学受験だけでなく、大学受験、社会人になってからも逆算して、「うちの子」を伸ばすにはどうしたらいいか、を述べています。

第3章　目指せ「自走モード」作戦会議（Q&A）

第2章で紹介した理想の「型」（＝「自走モード」）を、それぞれの家庭の事情に合わせて実現していくためにはどうすれば良いか。イメージしやすいように、「作戦会議」として、Q＆A形式で紹介しています。実際の受験生家庭にも協力していただいて、その中から代表的な質問をピックアップしました。

第4章　我が子を伸ばす運命校を見つけよう

これから学校見学に行く方、また志望校をどのように選べばいいのか、迷っている方に。

たくさんある学校の中から、どのような視点で見分け、選んだら良いか、「進学校オタク」である僕が編み出した基準を紹介しています。

知って欲しい内容だけを凝縮し、まとめましたので、もちろんどの項目もぜひ読んでいただきたいですが、読みたい章のみを読んでも、興味ある章から読んでいただいても結構です。

さぁ、それでは始めましょう。

第1章

悩めるお父さん、お母さんへ。中学受験は「戦略」次第です

親はまず落ち着こう！

中学受験において、親に必要なのは「戦略」。そして、取るべき最初の行動は、「まず、親が落ち着く」

です。

え？　と肩透かしに感じる方もいらっしゃるかもしれませんが、大切な一手。断言できるのですが、「親が落ち着く」、もしくは「落ち着いてみせる」。それだけで、子どもの能力は、長じて上がります。その実例は、本当にたくさん見てきました。

僕が行う「スーパーコンサル」の主目的も、親御さんにまず落ち着いてもらうことだと考えています。

依頼のあった家庭にうかがいますと、だいたい切羽詰まった表情のお父さん、お母さんが待ち構えています。不安、不満、怒り、嘆きなど、いろいろな感情が家の中に充満しています。

ただし、だいたいのお悩みポイントは事前のメールで知らされていますので、玄関に通されたら、僕は間髪入れずに勉強場所に行きます。コートを脱いで30秒以内には、お子さんを相手に、直近の模試の書き込み具合を見ながら、授業とコンサルをスタート。

親御さんが「聞きたいこと」の答えは、お子さんの受け答えと、直近のテストの問題用紙と解答用紙にあります。一時間ほどそれらを丁寧に確認。すると、およそのことがわかります。子どものタイプ、やる気、今何につまずいているか、順調にこなした場合の伸びしろはどうか……。

その上で残り一時間で、お父さん、お母さんを含めて懇談。お悩みに対して、具体的に、僕の見解をお話しさせていただきます。

このステップを経て、スッと親御さんの表情が落ち着いた時、子どもの顔も晴れてくる。それを見届けてコンサルを終了するのです。

親が感情的になってしまい、ケンケン責め立てるような空気では、子どもは萎縮するか、反発するか。

親に怒られるのがイヤで、しぶしぶ勉強するようになっても、決して身につきません。それは自ずと、テスト用紙の書きっぷりにも表れます。

怒ったり感情を爆発させたりして成績が上がるのなら、僕もオススメしますが、実際は違うのですから、ソンしかありません。

かつて1階で授業をしていた時、2階から、ものすごい夫婦ゲンカの声が聞こえてきたことがありました。

「あなたも、Aちゃんの受験にもっと協力してくださいよ！」

さすがの僕もギョッとして、Aちゃんに、

「上、大丈夫かな？」

と聞いてみました。するとAちゃんは、

「あ、大丈夫だよ。お父さんとお母さん、いつもあんな感じだから」

と涼しい顔。

Aちゃんはとても真面目な子でしたが、小6の1年間ずっと、某大手塾の最下位クラスで推移しました。受験は残念ながら第1志望には不合格。第2志望の中堅女子校に進学し、その後、そこそこの大学に進みました。長く伸び悩んだのは、こうした家庭の雰囲気も関係していたと思います。本人にしてみれば、自分の受験が争いのタネになるのですから、前向きになれないのは当然ですよね。

「あなたのため」と言いながら、テスト結果をネチネチ責めたり、「そもそも自分の子育てが間違っていたか」と極端な自分責めに走ったり、夫（妻）にイライラをぶつけたり……。そんな親の暴発を、子どもは無意識に刻み込み、傷ついています。

子どもとは、たぶん親が思っている以上に無垢《むく》な生き物。これは、僕が、親でも学校の先生でもない「ナナメの関係」だからこそ、よく見えてしまうことなのです。

逆に理由などなくても、親が「大丈夫だ」とドンと構えてみせる。テストが悪くても、

「まあ頑張ったもんね」

「あなたは大丈夫でしょ」

と、フンフン鼻歌でも歌ってみてください（実際は怒りに震えていても！）。

すると、

「うん？　僕、大丈夫なんだ」

と、なんとなく子どもは思えてくる。それが芯となって、本当にその子の「大丈夫」が育っていきます。

受験の戦略を考える上で、最初にやるべきはまず落ち着くこと。自分の子どもに安

心感を与え、そして親である自分自身にも安心感を与えてください。せめて、お子さんの前で「フリ」だけでも始めてみる。それが第一ステップですよ。

大丈夫です！　我が子に合った戦略は必ずあります。後述する「自走モード」への道も必ず通じています。

さて、ここからは、フリだけではなく、真に落ち着くために「戦略」として、親が持つべき「心構え」を紹介していきましょう。

戦略的心構え 1

子どもは「戦士」、親は「軍師」。さて塾は？

世間では「中学受験は親が9割だ」とか、「親も共に戦え！」などと、言われているようです。親の関わり方いかんで、中学受験の結果を左右するという考え方ですね。

僕もこれらを決して、否定しません。お子さんはまだ小学生。高校、大学受験に比べて、親の影響力が大きいのは事実です。実際「一緒に頑張ろう！」と〝共闘感〟をもてた親子ほど結果が良いというのもまた、僕の経験からはいえます。

ただし同時に、この言葉を鵜呑みにするのはマズい。**親が子どもと一心同体になる**

必要は「全くない」のです。

むしろ一緒に戦ってはいけません。誤解を恐れずにたとえれば、子どもは勇敢な「戦士」となるべきですが、親も「戦士」となってしまっては、共倒れになってしまいます。

塾でも、実際の入試会場でも、実際に解答用紙を埋めるのは子ども。親が代わってやることは絶対にできないのですから。

一心同体感覚が強い親ほど、テストの結果にキリキリ舞いさせられます。

「なんでまた同じようなミスをしたの」

「毎日計算と漢字だけはやるって決めたのに、なぜやらないんだ」

などと悩む。しまいには、

「自分でやれたらどれだけラクか！　はあああ〜」

と、深い深いため息。これでは、とても最後まで戦い抜くことはできません。

では、親の立場とは何でしょうか？

親は「戦士」ではなく、「軍師」なのだと、僕は考えます。

親は少し離れたところから、全体と戦士のコンディションを冷静に見つめ、これからどう戦うか、戦略を考え、戦士に伝える役割に徹するのです。

こうしてお互いがそれぞれの役割を全うすることで、敵に挑んでいく力も底上げされる。それが、僕が考える「共闘感」です。

親が磨くべき武器は、戦士の状況を見極める力。少し先に目を向けて、作戦を立てる力です。

「え？　それは塾がやってくれるのではないの？」と思った方。いえいえ、その戦士のことを一番理解し、作戦を最も有効に実行できるのは「親」なのです。

塾の講師や職員、僕のような家庭教師は、サッカーや野球チームでたとえれば「外国人コーチ」くらいの位置づけで考えてください。

外国人コーチには、勝つための充実したノウハウもある、ワールドクラス級の指導力もある。

それは多くの親は持たないスキルなので、大いに利用してやりましょう。

けれども、外国人コーチには、少しばかり言葉の機微が通じないところがあります。つまり、その子の感受性を真にわかっているのは、同じＤＮＡを持っているお父さん、お母さんだけなのです。我が子のパフォーマンスアップのために、優れた

「外国人コーチ」をどの場面で、どのように使うか。スーパーサポーターを生かすも殺すも、子どもの性格を含めて、全体を見渡す視点があってこそなのです。

　このように考えていくと、「中学受験は親が9割だ」という風潮の意味するところも、クールに判断できると思います。

　また、両親のどちらかが「軍師」を担ったら、もう一人は降りて、別の役割を担当

母の熱狂はご用心

中学受験で とにかく熱狂しがちな 傾向があるのが
お母さん
受験
対策
あまり熱心でない お父さんと ケンカの現場に 遭遇することも
あなたが そんなだから〜
あーだこーだ
熱狂しすぎて ヒステリックに なってしまう人は よくいます
受験前日
子どもより頑張りすぎて 倒れる人も（結構ある!?）
ピーポー
ピーポー
お母さん…っ
熱狂も計画的に……!

するくらいのほうが、チームとしてはうまくいきます。出来れば、もう一人は少し距離をとり、「旗振り役」となって、励ます役割がいいですね。

「戦士」と「軍師」、「旗振り役」とが一丸となり、考えるべきは自分たちに合った戦い方と勝利だけ。他人の戦い方は一切、気にしないで良いのです。

我が子と自分の立場を区別し、親は何をすべきかだけに注力しましょう。

戦略的心構え 2

「今」「短期」「長期」視点を持ってみる

「うちの子、ダメでしょうか?」

「○○中学、ダメでしょうか?」

「どうしても算数がダメです。どうすればいいでしょうか?」

毎日僕のもとへ届くメールや相談には、お悩みがつもりすぎて、ほとんど悲鳴のようなものも多いです。

だいたい、お子さんの受験のことで悩んでいる時は「戦略的心構え1」で述べたように、立場を混同してしまっているか、もしくは、時間軸から考える視点が欠けてしまっているかのように感じられます。

悩んでいる方は、受験だけにとらわれてしまって、短期的、もしくは長期的な視点を忘れていないか、考えてみてください。

「視点」には、今、短期、長期の3つがあります（起点となる子どもの年齢によって変わります）。

今視点…今日、明日。1週間後、半年後くらい。
短期視点…1年後、2年後。受験本番のころ。
長期視点…6年〜10年先、高校生、大学生、社会人になってから。

試しに、現在小学5年生のお子さんの「算数のテストの結果が悪かった」という悩みを、3つの視点で捉え、対策を考えてみます。

今視点…来週、次の小テストが控えている。

対策の例

「計算問題のケアレスミスで点数を落としている。まずはそのことを、しっかり自覚してもらおう。そして、次の小テストまでに、ミスをしないために何ができるか、自分なりにできることを考えてもらえば良い。計算ドリルを毎日やるとか、筆算の書き方を工夫するとか、すぐにできそうなことを、ゆっくり話し合ってみれば良い」

短期視点…1年後、志望校の入試本番。

対策の例

「まだ1年ある。これが本番でなくてよかった。今はできなくても、半年後にはできているかも。これが本番なら何が一番まずかったのか、今のうちに、リストアップしてみよう。どうやら時間配分にも問題がありそうだ。問題文を理解するのに時間がかかっている。これから半年間、1日10ページでも読書をして、読解力をつけていくことで、話し合ってみよう」

長期視点…7年後、大学受験。社会人になってから。

対策の例

「この挫折も必要な挫折。悔しがっているなら大丈夫。大切なのは本番。素点（テストの点数）に一喜一憂せず、〝間違ったところに自分が今ダメなところがある。それを知って直せば良いだけだ〟と教えてあげよう。テストの取り組み方を見ると、少しやってみてダメな時にすぐあきらめている。この子は慎重であまり挑戦しないタチなんだな。少し自分もガミガミ言いすぎたかも、気をつけよう」

このように、同じ悩みでも、視点を変えることで、自ずと対策が変わります。

人は悩んでいると視野が狭くなって、思考が硬直化してしまいがち。でも、この3つの視点で課題を分割するようにすると、ふっと視野が広がり、より冷静になりやすい。具体的な改善策が見えたり、目先の感情にとらわれたりすることがなくなります。

特に、中学受験の家庭は、「今」（＝現在の勉強態度や成績）、「短期」（＝中学受験）だけにフォーカスしてしまって、「受かるか落ちるか」の不安だけが膨らみやすい。「長期」視点で考えるべきことが、すっぽり抜けてしまうケースが多いのです。

ちなみに**「中学受験」の経験がもたらす、本当の真価は大学受験時に現れる**と僕は感じています。「長期視点」でこそ成果が出ることを、「今視点」「短期視点」でやろうとしているのですから、不安になるのも仕方ありません。

僕自身も、普段から授業やアドバイスを行う時には、常に、この3つの視点を「同時に」考えるように心がけています。成績や勉強方法の相談を受けていても、「今視点」「短期視点」にとどまらず、必ず「長期視点」から考えて、アドバイスするようにしています。

この子が大学受験をする時に何が必要か。

この子が社会人になった時に、この選択（行動）が良いかどうか。

3つの視点を踏まえた上で、授業を行うのです。

もちろん、今本書を手にとっている時点で、もう中学受験が短期に迫ったご家庭もあるでしょう。その場合でも「長期視点」を、せめてお父さん、お母さんだけは持っておく。それだけでも、グンと視野を広く保ち、冷静に戦いに臨むことができるはずです。

戦略的心構え 3

肩を並べておけばいい

大手塾では、時期にもよりますが、子どもたちに大抵、「テストで満点は取らなくてもいい。できない問題とできる問題を見極めて、できない問題を捨てる力を身につけましょう」とせっせと教えます。驚かれる方もいらっしゃるかもしれませんね。

公立小学校の感覚でいくと「テストは満点を目指すべき」と単純に考えがちですが、中学受験では違うのです。

要は、**中学受験のゴールは「合格」。満点は取らなくてもよく、その年の合格最低点さえ取れれば、それで良い**のです。

その上で、塾サイドは実績が欲しいので、子どもたちをクラス分けでプレッシャーをかけるなどガンガン追い込みがち。より上位へ、より優秀層へと押し上げようとします。本人が実際に入学する中学校は1校でも、合格実績は何個でも欲しいのです。

追い込まれることで、勉強ができるようになるのは良いのですが、一方で、並み居る優秀な子たちをおさえ、ナンバーワンを目指すことは、心理的にかなりキツいものの。しかも、長い目で見て、あまり良い結果を生まないように思います。

そこで、僕自身は、

「勝たなくていい。肩を並べておけばええよ」

と、子どもたちに話します。

他の子より抜き出ようとすることで、ネガティブな競争心が生まれてくる。すると、ちょっとしたミスやクラス分けの結果などを恐れるようになり、そのぶんエネルギーを消耗してしまいます。また、他の子を蹴落として良しとするマインドは、人間としてどうなのか、「長期視点」からも良くないと感じます。

これに比べて「並んでおけばええやん」くらいの方が、消耗も少なく、パワーを持続しやすい。1年経つうちに、強力なライバルや、とてもかなわないと思っていた子が、自然に視界から消えていくこともあるかもしれません。

逆にいえば「ぶっちぎりトップで合格しよう。絶対慶應！」などと、無意味に高いゴール設定にして、自分たちの首をしめてしまう親子も多いのです。

「同じ学校を目指す子たちと、肩を並べておく」、そのくらいの気持ちで、まずは焦りを抑えてください。

目指すゴールはどこか。本当の勝利とは何か。親は冷静に見極めて、長期戦に備えましょう。

戦略的心構え 4

偏差値ではなく素点主義でいく

受験勉強中は、「偏差値」のことは、あまり気にしないで大丈夫です。

偏差値とは、僕のような家庭教師や塾など、プロが使う指標。家庭で使いこなすにはちょっと難しい道具なのです。

偏差値の数値は、全体の出来が悪く自分の出来が良ければ高く出ますし、その逆ならば低く出る。その子の、その時点での真の学力を測るには、案外あいまいな要素が大きい。仕組みをよくわかっていないまま、右往左往している方も気になります。

「うちの子、模試でA中学はずっと合格率80％だったのに。でもA中学に不合格だったんです……」

数年に1度くらい、そんなふうに嘆くお母さんも出てきます。

例えば、A中学は、四谷大塚の模試で合格率80%とされる偏差値が「55」と出たとします。その子はいつも、四谷大塚の模試で同程度の偏差値は獲得していた。だから、A中学は安泰だと思っていたのに、実際は落ちてしまった、というようなケースです。

よくご存じの方には説明するまでもないのですが、あえてここで指摘します。偏差値とは「50」を平均とし、そのテストを受けた子たちの中で自分がどれくらいの位置にいるかを「相対的に」表す数値。ちなみに、「合格率80%」とは、該当模試の受験生の中で、その学校の入学難易度を測ってみた「目安」です。つまり**絶対的な確定値ではありません**。

その上で、次の事実があります。

- 塾ごとに学校の偏差値の数値が大きく違う（そのため、偏差値上下の「順番」だけを見るようにする。過去の表と比べて妙に偏差値が上がっている学校は要注意。偏差値がたった2変動するだけでも、合否がひっくり返りやすい）
- 模試での偏差値のスコアは、その時々の流行りや大手塾内での流れや〝推し〟など

によって変動する
例〈2021年7月近辺での女子合格率80%偏差値〉
「日能研　全国公開模試」フェリス62　吉祥女子61　鷗友学園60　頌栄女子58
「サピックスオープン」フェリス55　鷗友学園53　吉祥女子53　頌栄女子49
「四谷大塚　合不合判定テスト」フェリス64　吉祥女子62　鷗友学園61　頌栄女子61
↓どこもフェリスがこの4校では上位だが、日能研と四谷大塚では吉祥女子の人気が高く、鷗友を抜いている。しかしサピックスでは鷗友の人気がなぜか高くなっていて、この年度の頌栄はサピックスでの人気は低い
●志望校の入試の出題傾向が、その模試の出題傾向と同じとは限らない。むしろ全く違うことの方が多い（注意：早稲田アカデミー「開成中オープン模試」など、特定の学校名を銘打った模試はもう少し実態に近く出る）
●入試当日A中学を実際に受ける子たちが、その模試をどのくらい受けているかはわからない
●社会的な要因などで、年によっては、入試の実態よりも偏差値が高く出たり、逆にダウンしたりする場合もある。例えば、2016年度私立大学の入学定員管理厳格

化により私立大学が軒並み難化。これを受けて、大学付属の中学校の偏差値が急激にアップ。その一方で低く出ていた学校も

当たり前といえば当たり前なのですが、あまりに偏差値を過信して大コケしてしまうケースが後をたたないので、改めてここで言及しました。

合格を引き寄せるのに必要なのは、冷静な分析。模試で合格率50％以下の偏差値が続いても、基礎をコツコツと固めていけば「勝ちの因《いん》」が生まれることもあります。

もしも塾やお友達の雰囲気に押されて、自分の子が偏差値を気にするようになったら、ぜひたしなめてください。偏差値は「他人の不出来を願う」というネガティブマインドにもつながるので、長期視点でも良くないでしょう。

ちなみに他人を思いやる力は、そのまま国語力にもつながります（98ページ参照）。**偏差値主義の行き着くはては、国語力のダウン。**「ウソ?!」と思うかもしれませんが、真理です。

代わりに気にしてほしいのは「素点」。テストで実際に何点を獲得したか、です。素点にこそお子さんの頑張りが表れやすく、また改善点も見えやすいからです。

「前のテストが100点満点中30点だったのが、頑張って40点だった」

「計算問題が5問中1問しかできなかったのが、3問正解し、前回よりプラス10点だった」

など、子どもの伸びしろは、こうした実点数の獲得状況の中にこそあるのです。

ご家庭では、親も子も素点だけに注目して、勉強を進めてください。

入試で満点を取る必要はなく、合格最低点を取れれば良いのです。模試で偏差値を叩きだすことに、貴重な気力体力を使ってはいけません。

戦略的心構え 5

終わったテスト用紙は「自走モード」への糸口

前項で、テストや模試の結果について、「偏差値ではなく素点主義で」という心構えをお伝えしました。もう一つ、テスト結果に対する戦略マインドをお伝えします。

それは、終わった後の問題用紙と解答用紙を、じっくり見るようにしましょう、ということ。

僕の授業でも、事情が許す限り、直近の問題用紙と解答用紙を見せてもらうようにしています。テスト用紙の「書きっぷり」を注意して見ていると、いろいろなことがわかってくるようになります。

次に紹介するのは一例ですが、多くのケースに見られる傾向です。すぐにお子さんの問題用紙や解答用紙も覗いてみてください。

□字が小さい　↓やる気がない、先生や親に萎縮している。親の声が大きいと字が小さくなることがある

□字が整列していない。あちらこちらに飛んでいる　↓親からのプレッシャーが強い。気持ちが負けている。「10分後の自分」を想定して、見やすくしようという働きかけがない

□問題を抜かしがち。解答を空白にしがち。手をつける問題の飛び方が激しい　↓できそうな問題を探してしまう。間違えるのが怖い。ミスを恐れる。テストの出来を怒られることが怖い。親が過度な点数主義

□字が汚い。読みにくい　↓テスト採点者のことにまで頭が回っていない。テストの点を取りに行っていない。いろいろな面で詰めの甘さが残る。上位層にはなれな

い。安定しない
□余白が多い　↓途中式や考えた形跡がない。時間いっぱい、戦う意欲がない
□全体にぐちゃぐちゃとした書き込み　↓テスト中から混乱している。ミスを誘発しやすい。ミス防止の工夫がない

ちなみに、中学受験に気持ちが向かっている、優秀な子のテスト用紙は、これらが全部逆になっています。実物の写真を紹介します（46ページ）。

終わったテスト用紙には、中学受験や勉強に対する、その子の主体性がくっきりと現れてきます。

第2章で詳しく述べる「自走モード」とは、子どもが主体的に勉強に向かっていく態度のことですが、あなたの子どもの主体性の度合いが、テスト用紙に現れてくるのです。

といって、今全くその糸口が見えないからといって、焦ってはいけません。

大切なのは、親の態度が子どもの心理に案外深く影響しているということ。つまり

● 優秀な子（筑駒へ進学）のテスト後の問題用紙実例

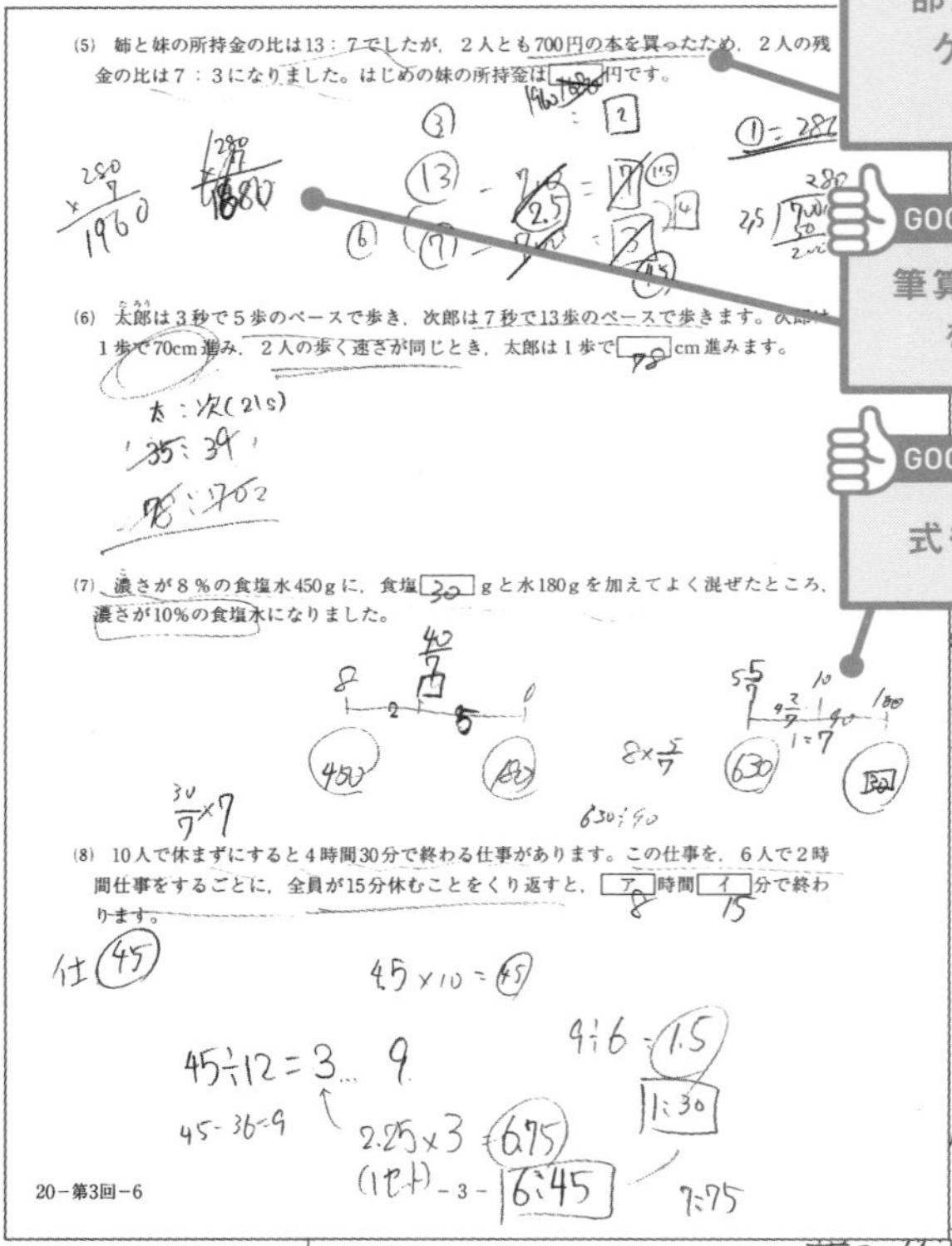

(5) 姉と妹の所持金の比は13：7でしたが，２人とも700円の本を買ったため，２人の残金の比は７：３になりました。はじめの妹の所持金は□円です。

(6) 太郎《たろう》は３秒で５歩のペースで歩き，次郎は７秒で13歩のペースで歩きます。次郎は１歩で70cm進み，２人の歩く速さが同じとき，太郎は１歩で□cm進みます。

(7) 濃さが８％の食塩水450ｇに，食塩□ｇと水180ｇを加えてよく混ぜたところ，濃さが10%の食塩水になりました。

(8) 10人で休まずにすると４時間30分で終わる仕事があります。この仕事を，６人で２時間仕事をするごとに，全員が15分休むことをくり返すと，［ア］時間［イ］分で終わります。

20－第3回－6

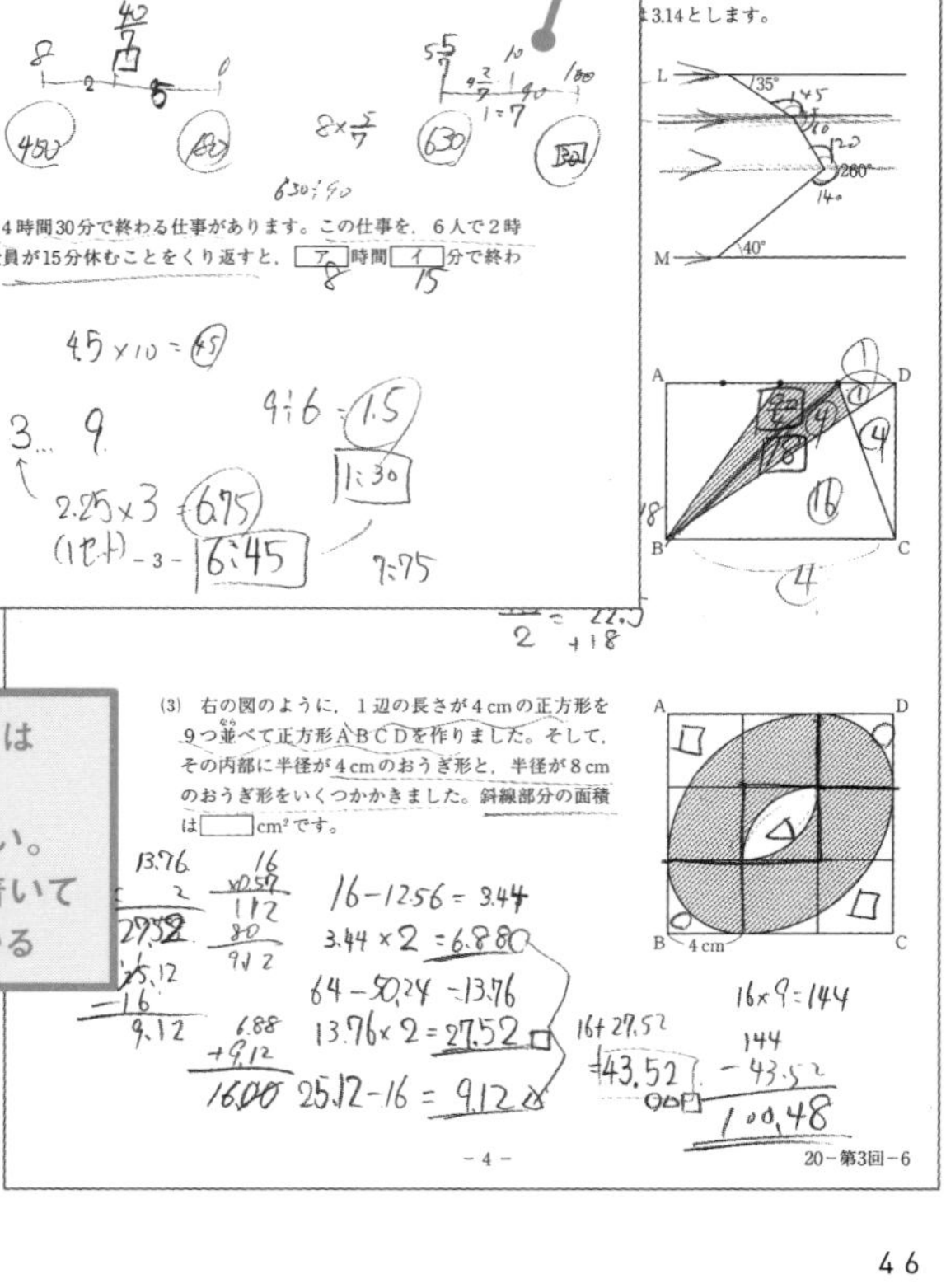

…は3.14とします。

(3) 右の図のように，１辺の長さが４cmの正方形を９つ並《なら》べて正方形ＡＢＣＤを作りました。そして，その内部に半径が４cmのおうぎ形と，半径が８cmのおうぎ形をいくつかかきました。斜線部分の面積は□cm^2です。

－4－

20－第3回－6

GOOD! ❶
問題文の大切な部分に線を引き、ケアレスミスを防いでいる

GOOD! ❷
筆算を書くスペースを分けている

GOOD! ❸
式も図も必ず書く

GOOD! ❹
字はきれいではなくてもバランスがいい。全体的に落ち着いているのがわかる

出典：2020年
第3回サピックスオープン
問題用紙より一部引用

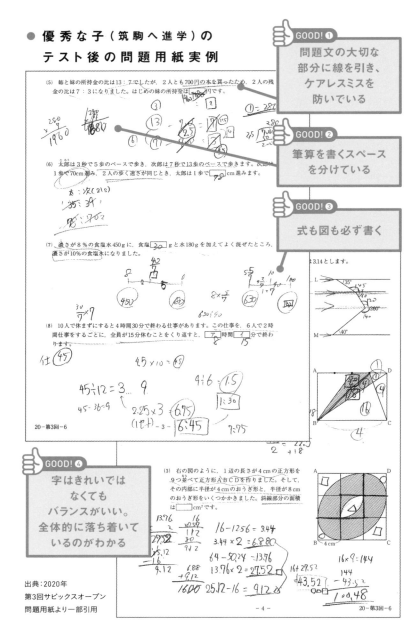

親が落ち着いてみせたり、テスト結果を怒らないでいたりするだけでも、改善されていくことがあるのです。

テストの問題用紙と解答用紙は、親子関係を映し出す「鏡（かがみ）」でもあるのです。

テストとは、入試本番までにその子の課題が炙《あぶ》り出されているもの。課題を見つけたら、一つ一つ対応していけば良いだけなのです。第3章133ページ、模試の結果チェック方法も併せて、読んでみてください。

戦略的心構え 6

「軍資金」は賢く使おう

中学受験を描いた漫画『二月の勝者』（小学館）が人気です。その影響か、最近「中学受験は課金ゲームだ」などと、面白おかしくいう方もいます。

この風潮に、僕は異を唱えたい。

たしかに受験にはお金がかかります。でも、お金をかけたらかけただけの成果が得られるのか、というと、かなり疑問なのです。

大手塾に通って、成績が伸びないからと、補習塾や家庭教師をバンバン追加投入する家庭もあります。

僕の立場から見ると、

「先に想定しておけば、事前に避けられる出費はこんなにあるのに」

と、とてももったいなく感じてしまうのです。

一般的に、中学受験をする家庭は、世帯年収700万円台以上というデータがあります。塾代は小学6年生で年間100万円から170万円くらい。補習塾や家庭教師を加えると、プラス50万円~100万円になるでしょう。

受験する子どもの親には、一定の経済力は必要です。しかし、声を大にして言いたいのは、**決して「お金をかけたもの」だけが勝者になるのではない**、ということです。

むしろ、幼児から小学校、大学、就職までの、子どもの教育をトータルで考えて、使うべきところにエイヤ! と投入し、余分な出費を徹底して避けていく。やり方次第で、塾なし、家庭教師なしで受験に臨んだって良いのです。公立中高一貫校に行く、フォローのしっかりした塾のいらない私立進学校に行って、塾なしで国公立大学に行く、なども考え方の一つ。

地域差もありますが、知恵を働かせれば、世帯年収400万円台のご家庭でも、決してあきらめることはありませんし、「結果おトクだった」家庭も少なくありません。

ご参考に、「思わぬ出費」の、よくある2パターンをお知らせしましょう。

パターン① 大手塾に入ったものの、ほぼついていけない状態で受験直前期になってしまった

どうしてもついていけず、直前にあわてて家庭教師をつけたり個別塾に行くようになると、それでプラス50万円くらいになります。

僕自身、過去には、受験間際に週2、週3と授業をお願いされることもありました。「いくら払っとんねん」とひそかに心配になってしまう家庭も（今はよほどの時以外は引き受けていません）。

この事態を防ぐのは**「早め早め作戦」**。

その科目に苦手意識を持つ前。勉強についていけなくなる前。塾に入る前。中学受験を始める前。長期視点でお子さんの立ち位置を逆算し、最悪の事態を想定する。そ

して、早めに手を打つことでかなり防げます。

パターン② 放任系の中学、高校に入学したゆえに、塾に行く必要が出てきた、浪人してしまった

自由・放任主義で、のびのびとした校風を売りにした私立中学も多くあります。こうした学校はそれだけの魅力がありますが、カリキュラムや体制について、プロの僕からすると、「能天気なノーフォロー」にしか見えないところも中には正直、あるのです。

またカリキュラム自体が素晴らしくても、あまりに自主性を重んじた学校ゆえ、遊びに流れてしまい、大学で現役合格を逃すこともあります。すると、浪人して予備校通いとなり、プラス年間100万円前後かかります。

今は大学受験準備を見据えて、手厚いサポートをしてくれる中学校高校も増えています。本人の適性を大学受験からも逆算し、学校選びをすることで、思わぬ出費を避けられる可能性もあります（学校選びについては第4章）。

もし中学受験をせずに公立中学に進み、その時お金がかからなかったとしても、高校、大学と進むなかで、塾代・予備校代はかかってきます。

浪人前提で、大学受験を簡単に考えている方も中にはいらっしゃいます。でも、お金だけの問題ではなく、若者の一年は社会的にも時間的にも大きな損失だとも考えられます。

お子さんの教育の先を見越して「戦略」を持って臨んでこそ、「結果おトク」が達成されるのです。子どもに賢くなってほしければ、大人も賢くあろうとする姿を見せましょう。

「お金で合格を買う」という感覚では、せっかく受験を経験しても得られないものがあると僕は感じています。

「戦略」をなかなか持てないのは仕方ない面も……

2000年代前半以降の中学受験者数は、増加傾向にあります。子どもの数が減っているにもかかわらず、中学受験をする子の数は増えていて、首都圏では子どもの5

人に1人、つまりクラスの2割、地域によっては8割近くというところも。「頭の良いごく一部の子が御三家を目指す」というイメージよりも、もっと広い層がさまざまな選択肢を持って受けるようになっていて、大手塾を中心に中学受験産業はますます栄えています。

ちょっとシビアな言い方ですが、この業界は「不安産業」ともいわれています。「子どもの将来は大丈夫だろうか」「志望校に合格できるだろうか」という親子の不安を食べて繁盛しているビジネス、という意味です（ああ、ちょっとコワイ）。

でも僕は、これは当たり前のことだと、冷静に見ています。

大手塾も地域の個人塾も営利団体。当然、収益を確保しなければなりません。だから、どんな塾でも、一人でも多くの生徒に、1コマでも多くの授業を取らせたい。つまり、**不安をあおるだけあおっていく構造になっている**のです。

例えば、ある親子が「塾のハイペースについていけない」と感じて、塾をやめようかと相談をしたとします。

すると、当然ですが、相談を受けた職員や先生からは「塾をやめた方がいいですよ」とは、絶対になりません。決して生徒をやめさせないし、それよりも「〇〇特訓を受けてみませんか」「系列の個別指導塾へ」などと、むしろ授業数を増やすアドバイスになっていくでしょう。

塾サイドが、その生徒の事情や能力を一人一人、正確に把握できているかというと、かなり難しいのです。

塾の先生は担当の1科目のアドバイスはできても、全教科のバランスから判断したアドバイスはできません。また職員も、その塾が持つ偏差値などのデータに基づく、進路指導だけ。テストの解答用紙をきっちり分析することも、ほとんどないでしょう。データは最終的に中学受験に合格するかしないかだけで、6〜8年後の大学受験や、その子が社会人になってからどうか、という視点はありません。塾としては必要がないからです。

塾の中にはそのあたりが徹底していて、「できる子だけついておいで」方式で、上位層を伸ばすだけ伸ばす＝下位層は切り捨てる、というところもあります。冷たいのではなくて、それが確立したビジネスモデルなのです。

決して業界を批判しているのではありません。塾とはあくまでもビジネスなので、それぞれのご家庭が期待している視点、熱量では、決して「うちの子」を見てくれないのが事実だ、ということを知っておいてください。

親子と塾は、そもそも構造的にすれ違っている。その中で、親子の不安が掻き立てられ、視野が狭くなっていくのは当然です。

今あらゆる不安にかられていたとしても、親御さんご自身は、決して自信をなくさないでほしいのです。

ちなみに、僕がこの20年以上フリーランス一本でやってこられたのも、ここに理由があるようです。ある時から「不安がらせる言葉、表現を一切やめよう」と決めて授業やコンサルに臨むようにしたら、そこからリピーターが急増しました。

受験の親子は、それだけ不安が大きいのだと思います。ぜひ不安の正体に目を向けてください。

塾も学校も「評判がいいから」で選ぶと落とし穴に

「あそこの塾、評判がいいよね」

「○○勉強法、評判がいいらしい」

「〇〇中学、評判がいいって」

などなど、「評判がいい」は、中学受験の親御さんを惑《まど》わす、なかなかのパワーワード。「我が子にも同じことをあてがえば……」と、ついフラフラとその魔力に吸い寄せられてしまいます。

いやいや、お父さん、お母さん、ちょっとお待ちください！

その「評判がいい」、いつ、どこの、だれ発信の情報なのでしょう？

ひとたびネットで「中学受験」を検索すれば、膨大なサイトやブログ、クチコミ投稿がアップされています。

「うちは〇〇で受かった」「あの塾はダメ、この塾は素晴らしかった」といった刺激的なクチコミ、真偽のわからないトピックスも満載。不思議なもので、調べれば調べるほど、どの方も結局、似たようなサイトに行き着いていきます。

けれども**個人の感想など、多数いる中の「サンプル数1」に過ぎません。**トップブロガーのお子さんにはハマった勉強方法やステキな学校も、うちの子には一ミリも当てはまらないかもしれません。

ついでにいうと、どんなに信頼できるママ友情報だって「サンプル数1」。先輩マ

マさんの、

「うちのお姉ちゃんの時はこうだったの。それで合格できたの」

などという体験談は一見効果絶大に思えます。でも、それだって、その家の子には合っていても、あなたのお子さんには合わないかもしれません。

また、学校情報を集めたくて、インターネットのクチコミ投稿サイトを見る人も多いでしょう。

でも、少し立ち止まって考えてみてください。

その学校にご縁があった人は良いことしか書かないし、不合格だったり、たまたまトラブルに遭ったりした人は批判的な投稿しかしません。

実際、投稿を書き込む人は、ネット利用する全人口の1%に満たない、という話を聞いたことがあります。その中で炎上させる人は0・5%にも満たない、という説も。

ネットで荒れまくっている学校も、決してそれが真実の姿とは限らないわけです。

ましてや、**あなたのお子さんに合うかどうかは、ネット情報をいくら眺めても、どこにも書いていない**わけです。

結局のところ、今の中学受験は、ドボンとフェイクニュース（?）の海に突き落とされるようなもの。焦れば焦るほど、不確かな情報をつかんでしまうわけです。

といって、脅かしているのではなく、要は、あまり頼らず、なるべく割り切ってしまった方が賢いですよ、と言いたいのです。親御さんが、自分の子に当てはまるかどうかを、ご自身で考えてみましょう。

インターネット検索はしない。ママ塾友は作らない。体験談は話半分に聞く。学校は、必ず在校生と先生に話を聞き、実際の目で確かめる……などなど、思い切って情報を遮断してもいいのではないか、と僕自身は思っています。

よく「しっかり情報収集しましょう」とかいいますが、クズのような情報ばかりかき集めても、意味がないと思いませんか（おっと、ちょっと過激になってしまった）。もっと自分たちの思考と、「決して踊らされないぞ！」という決心を持ってください。

中学受験ワールドでは、上位難関校合格こそが勝利という雰囲気ではありますが、「中高6年間ののち、大学受験で勝てばいい」と考え、その6年後の勝利をもたらすような学校、今は中堅校でも熱心な学校を中学受験時点で選ぶ、6年後の逆転勝利を目指す、という戦略だってアリなのです。

僕のコンサルを経て、

「大手塾に通っていたけれど、うちの子が行けそうな学校は偏差値40台前半。上位難関校向けのカリキュラムにあおられるようにして勉強するよりも、じっくり基礎を固める方が現実的。思い切って塾をやめて、家庭学習に切り替えました」

という人もいました。その教え子は、縁のあった中学校で、のびのびと学校生活を楽しんでいます。

脱・「評判がいいから」、でいきましょう。

親の悩みはパターン化されている

20年以上受験生親子に寄り添ってきて、親御さんから寄せられる悩みはいろいろあるようで、実のところ大きく次の2パターンに集約されています。

親の悩みの二大パターンとは

1、「うちの子は可能性（才能）がないんでしょうか？」

2、「うちの子は勉強しない。どうしたらいいんでしょうか？」

これに対する僕の回答も、だいたいパターン化しています。

「可能性は誰でもありますよ。あなたのお子さんにももちろんあります。やるかどうかだけです。才能の有無自体は大きな問題ではありません」

親だって何かにすがりたい！

もしくは

「御三家に行きたい？　行けると思いますよ。逆算して、僕が提案する量を挑戦できるか、試してみましょう。挑戦することが大事。やることやって、最終的に小6の10月に決めましょう」

それ以上のこと、その子の可能性（才能）の有無は、結局のところ、その子が本気で受けたテストの問題用紙と解答用紙を見せてもらって、一つ一つ見ていかないと、なんとも言えないのです。

また、親にも2タイプがあって、悩みのバリエーションは、そのタイプにより傾向が分かれます。

僕はこのタイプを「**内向ママ**」と「**外向ママ**」と名付けています。内向的な欲求に基づく悩みか、外向的な欲求に基づく悩みか、で分かれていくのです。

ここで名前を「ママ」としていますが、あまり深い意味はなくて、パパの場合も当てはまります。

例えば、2大お悩みパターンの一つ「うちの子大丈夫でしょうか？　可能性ないんでしょうか？」という同じ悩みが来た場合。内向ママと外向ママとでは、次のようにその内容が変わります。

○ 内向ママの「うちの子、大丈夫でしょうか？」

「うちの子、今回の模試がガクンと成績が落ちたんですよ。このままいくと、○○中学、ダメかもしれない。○○中学がダメだったら、あの子は立ち直れない気がします。うちの子、大丈夫でしょうか？」

内向ママさんのだいたいは考えすぎです。子ども（と自分）が傷つきたくない、挫折させたくない、という欲求がすごく強いタイプ。不安が強く、視点が「今」（＝今回の模試）「中期」（＝中学受験）だけに狭まっています。この場合は、少し将来に思いを馳せていただき、大らかに視野を広げていただく。その上で「今やるべきこと」に戻るとよいです。

○ 外向ママの「うちの子、大丈夫でしょうか？」

「うちの子、どこの学校なら受かる？　どのくらいの偏差値の学校なら大丈夫なの？　このご時世、どこでもというわけにはいかないですよね。○○中学とか△△学園とかいけますかね」

対外的に自分の子ども（と自分）が認められたい、ほめられたいという欲求が根強いタイプです。塾のママ友や世間で評判の○○中学とか△△学園に行くことに価値があり、それでいて自分の基準を持ちづらい。自信のなさ、子どもの現状と理想との乖《かい》離《り》が悩みのタネとなります。まず、他人と比べることを控えましょう。

このママさんの場合は、塾ママ友の評判、インターネットの評判は「サンプル数1」ですよ、という話も効きやすいです（55ページ）。

誰でも悩んでいる時は苦しく、考え方が硬直してしまいます。「パターン」「タイプ」があると知ると、自分の悩みを客観視したり、視点を外してみたりするきっかけになりますので、ここで紹介してみました。

励まし続けることの大切さ

先日、新しいご家庭から「スーパーコンサル」の依頼を受けて、うかがった時のこと。教えられた住所のマンションに入ると、エレベーターホールの影からヌッと人が。

「わ！」（動揺）

「長谷川先生ですよねっ？」

「は、は、はい、そうです」

どうやら、今から行く家のお母さんです。

「ちょっと、今いいですか。うちの子に会わせる前にお話ししたいことが！」

お母さんはそう言って、お宅にうかがうほんの数分の間に、早口で教えてくれました。昨晩娘さんとの間で「テスト直しをした」「しない」でもめ、親子バトルに発展。「それで中学受験なんかやめてしまえ、と言って、少し暴れてしまいました……私が。娘は今もふてくされています。もしかしたら本当に今日の授業次第では、受験をやめてしまうかも。先生にご迷惑をおかけするかもしれません。でも、もうそれでもいいいと思っています。いや、ほんとは頑張ってほしいんですけど……」

と、声が小さくなっていくお母さま。

「ああ、そうなんですね（僕の心の声「ああ、何だ、そんなことか」）。大丈夫です、たいがいのことは慣れていますから」

親子バトルの渦中に入っていく場面は、僕にとっては日常茶飯事。

家に入ったら壁に穴が空いていたことも（たぶんモノが投げられた）、目の前でお母さんが泣き出したこともあります。ちなみに、この時の家庭は、昨晩のことなど何事もなかったように授業が進み、最後は娘さんもお母さんも笑顔で終わりました。

けれどもここ数年で強く感じるのは、**「励まし下手の親御さんが多い」**ということ。

受験の道は決して平坦ではありませんが、「軍師」たる親御さんが短気を起こしてはいけません。

「お前も大変だよなあ。よくやっているねえ」

と、お子さんの頑張りを、とにもかくにもねぎらうことからスタートしてみてください。

親は「子どもは勉強して当然」と思っているかもしれませんが、お子さんは遊びたいのを我慢して、すでにかなり頑張っているかもしれないのです。

僕が見てきた限り、親が厳しいご家庭は、親がいない時にかえってサボってしまう子が多いです。またテストの出来をギャンギャン責め立てる親だと、子どもの字は小さくなり、途中で解答をあきらめた余白の多い解答用紙になってしまう。悪いテストを隠してしまう傾向もあります。僕の前ではにこやかなお父さん、お母さんに見えても、プロ目線でそのあたりはわかってしまうのです（スミマセン）。

親から子への励まし、優しい声かけは、子どもが勉強のモチベーションを上げる「戦略」でもあるわけです。

「今回のテスト、5点上がったね。頑張っているねえ」

「わからないところは一緒に調べてみようか」

「全く理解できていない？　では今日は、それ以外のところからやってみようか」

などど、毎回優しく声をかけていく。「あー、もう何回言わせるんだよ」と心の奥で思っても、たとえヌルいようでも、それが軍師たる親の「戦略」です。

「勉強したくなーい」

と、子どもが弱音を吐いたら、僕がオススメする方法としては、

「勉強しないまま、このままいったらどうなると思う？」

と、おだやか〜に聞いてみること。

その答えは、数ヵ月後なら「成績が下がる」、数年後なら「入試に落ちる」、10数年後は「年収が下がる」など、具体的にイメージできるほどいいです。どのくらい詳細に考えられるかが、その子の精神的発達度合いを表しています。

「サボり続けるとどうなるか？」は一度考えてみるだけでも、それなりの意味がありますし、効果があります。

「わからないよ」と考えるのを放棄する子なら、それは人生を舐めてしまうことになるでしょう。こういう子は残念ながら、優しい声かけ戦略もまだ効く段階にありませんし、受験に向かっていけない。鬼のようですが、痛い目にあって自分で気づくしかありません。

どうしても声かけが難しく、親子間でこじれるなら、塾や家庭教師などナナメの関係を上手に使って、子どもを励ましてもらうというやり方もあります。

最近は、社会的に活躍しているお父さん、お母さんほど潜在的に疲れていて、子どもを使って無意識にイライラを発散しているような方もちらほら。

また過去には、受験本番を迎える前にお母さんが過労で倒れてしまった、入院してしまった、というケースもありました。

親御さんご自身もしっかり睡眠をとって、心身の健康をキープしてください。

励まし上手の「軍師」たる役割を全うしていきましょう。

不都合な真実?「中学受験経験」の圧倒的な優位

我が子に中学受験をさせるかどうか、迷っているご家庭もあるでしょう。

僕は「みんなが中学受験をすべきだ」とは決して思いません。お金もかかりますし、僕自身も経験しましたが、中学受験はなかなかキツい（親子どちらも）。例えば、小学生のうちは読書と体を動かすことに没頭させ、高校・大学受験にポイントを持っていくという戦略もアリだと思います。

ただ、20年間現場にいて教え子たちの成長を見届けた結果、今の日本における、次の3つの事実だけはお知らせしておかねばなりません。

1つ目は、**「中学受験を経験した方が、子どもの能力の土台を作るには効率的だ」**という事実。

まず、学習の内容に大きな差が出ます。

中学受験勉強をすると、ほぼ全員が身につける分野があります。具体的には、比、割合、速さの3公式、漢字・語彙《ごい》力、慣用句やことわざ、理科や社会の一般的知識など。ところが、受験なしで公立中学に進んだ子たちの中で、これらができているのは上位2割くらいにとどまります。

素養の面でも、受験経験派は基本的な国語力を身につけることができる。**国語力は全ての学力の土台。将来的に学習面でつまずくことがあっても、人生のどこかの段階でやる気にさえなれば、成績を上げられるベースは備わる**のです。

また接する中で感じるのですが、受験派は厳しい競争に触れた体験から**「上には上がいる」**ことを、**漠然とわかっている子が多い。**

これに対して、公立中学ではどうしても、クラスの「できない層」と比べてしまう。すると、高校受験の勉強も、結局中3の夏休みくらいからしか気合いが入らない子が多いのです。

能力の土台作りという点では、中学受験の方が「効率的」。**親子ともに「あとがラク」になりやすいのです。**

「東大行ったら好きにしていい」って言ったから……

僕の両親はどちらも高卒
学歴のせいで苦労したこともあったそう
そのため子どもへの期待は人一倍!
とにかく教育には熱心でした
念願かなって僕は東大に一発合格!
でもその後の進路は
親よ軍師たれ!
明らかに親の予想外……!

２つ目は、公立中学校の問題。**「高校受験には内申点が重視される」**という事実。内申点は、学校生活を頑張る子、学校行事も積極的に取り組む子に有利。これは一見公平で、良いことのようにも感じます。ところが、途中で何らかの挫折をした場合にはリカバリーがしにくいシステムなのです。

ただでさえ不安定な思春期は、どんなタイプの子どもでも、ちょっとしたトラブルや体調不良は起こる可能性があります。

また、少しマニアックなこだわりがある子、他人に左右されず自分の興味関心に没頭したいタイプにとっては、評価を受けにくいシステム。本当は、こうした子たちが将来の社会を変えていく可能性を秘めていると思うのですが……。

テストの点数で決まる学力と違って、内申点は先生の主観的な要素によるところがありますから、決してフェアでないのも気になります。

実際、教え子の中にも、「とても勉強ができて向上心もあるのに、中２で不登校の時期があったがために内申点が思うように取れない」と、希望の公立高校をあきらめた子がいました。

このようなケースは少なくないというよりも、毎年増えているように感じます。

さらに3つ目として、**高校募集を実施する進学校が減っている**ことも、頭に入れておいた方が良いでしょう。

少子化の時代に生き残りをかけて、大手塾は戦国時代ですが、各中高一貫校もまた、熾烈《しれつ》な生存競争を繰り広げています。

多くの学校は、少しでも生徒を集めるために「大学進学実績」をアップさせたい。より実績を上げるためには、高校受験で優秀な子を集めるよりも、中学高校の6年間を一貫して指導し、育成した方が、学校としても効率がいいことに気づき始めているのです。

そこで、近年、高校での募集を停止する学校が続出。首都圏でも本郷や豊島岡女子学園といった人気校を始め、公立中高一貫校も高校募集を順次やめていく方針にあります。憧れの学校があって「中学受験は難しいから高校から入れるように頑張ろう」などと考えていても、数年後に高校募集がなくなってしまった、という事態は十分ありうるのです。

以上の3つの事実は、この場を借りてお伝えしておきます。

ここで、中学受験のデメリットも併せてお話ししましょう。まず一つは、経済的な負担があること。また、子どもによって発達度合いが違うので、遅いペースの子にとって、12歳での受験はより無理が大きいという点も挙げられます。さらに、基本的に中学受験は親が見なくてはいけない体制なので、親御さんの熱意や覚悟が必要である、ということも。

ただ、デメリットを考え合わせても、今の日本の教育の現状において、子どもの力を伸ばすという観点で、

「中学受験の機会が作れるなら、チャレンジしない手はない。うまく使ってしまえ」

というのが、僕の見解です。

さらにいうならば、**中学受験は、我が子を自分から勉強する子、つまり「自走モード」の子どもに育てる、絶好の機会になりえます。**

勉強で培われた主体的な態度は、やがて生きる力にもつながります。わが子の中に眠る可能性を、決して親自身が「最初から」否定しないでほしい、と願います。

第2章

うちの子を「自走モード」にする道筋とは

経験のある親ほど注意！今の中学受験の激化ぶり

ここで、「軍師」の皆さんに、戦略を考えるために「戦況」を報告します。

今、中学受験の最前線で何が起こっているか。はっきりいって、お父さん、お母さんの時代（30年ほど前でしょうか）とは、異次元の戦いの場となっています。

「お父さんの時はこうだったぞ」

などと言って励ますのは良いのですが、見当違いなアドバイスになってはいけません。ましてやそれが「親子パワハラ」になってしまってもいけません。

かつて中学受験は、どちらかというと「ものすごく教育熱心な家庭がやるもの」でした。医者一家とか、中産階級でも「子どもに高学歴を」と熱望するご家庭です。その多くがまずは名門校や御三家を目指して、無理ならご縁のある、そこそこの私立中学に着地する、というイメージだったのです。

これがいわゆる「ゆとり教育」以降、中学受験が広く認知されるようになり、「そこそこ受験」の層が増加。現在、増えてきているのは名門校や御三家を目指すというほどではないけれど、「我が子にプラスになることが多そうだから、受験させてみようか」という「中堅校狙い」層です。

特に、関東圏ではそんな傾向が顕著。共学化によるリニューアル組を含め、新しい学校が増えたこと、最近では、コロナ禍で私立と公立の対応の違いが浮き彫りになったこと、大学入試制度改革による、不透明感からくる不安などもあるでしょう。

ところが、「中堅校狙い」の層が増えているにもかかわらず、大手塾のカリキュラムはずっと難関校志向のまま。「そこそこ教育熱心な学校でいい」層には、ただただ負担が重いものになっています。

また、大手塾では全員に高難度の内容を施すので、受験全体の平均レベルが大きく跳ね上がっています。**一応は御三家・上位難関校を狙うくらいでいっておかないと、結局中堅校レベルにも受からないようになってきている。**それが現状です。

またご存じの方も多いと思いますが、2006年くらいから、首都圏で大手塾サピックスが台頭しています。

サピックスは、容赦なく全員に、高レベルのカリキュラムを課すところ。別の塾の選抜クラスでやる量の倍、キッさでいうと5倍以上を、基本的に入塾生全員がやっている、と考えてください。

そのサピックスの生徒数が実績とともに増加。まもなく1学年7000人くらいの在籍になっているはずです（僕の予想値ですが、ほぼ当たっているはず）。首都圏の中学受験生は4～5万人ほどなので、その影響の大きさがおわかりになると思います。

サピックスの動向がそのまま受験全体の上位層の動向に影響。名門校に受かるには、サピックスの上位層レベルに割ってはいらねばならない、という事態になっています。

この影響で、サピックスの「アルファ」（最上位クラス）に代表される「超優秀層」が年々ぶ厚くなっています。僕の体感で、3年前まで全体の1割だった「超優秀層」が、今は2割くらいになっています。

実際、各校の入試問題の難易度も年々高くなっています。

灘や開成、麻布など名門校の過去問をさかのぼっていくとよくわかるのですが、今の子どもたちにとっては、年をさかのぼるほど問題が易しくなっていく。

つまり30年経ち、お父さん、お母さんが受けたころの受験とは「別物」。特に首都圏はその傾向が顕著です。

ただし関西や九州エリアは、むしろ少子化の影響でゆるくなっている部分もあります。あと数年すると、首都圏にも少子化の影響が入ってくる可能性もあり、そうなると少しは易化するかもしれません。

また、コロナ禍対応の遅れ、校舎数の増えすぎなどで、首都圏の「サピックス一強」にもわずかに変化の兆しがあります。関東に浜学園が、関西にサピックスが進出しています。

「織田信長（サピックス）の天下が崩れつつあり、各塾、大名が台頭してきて、いよいよ群雄割拠。戦国時代に入った」

というのが僕の見立て。状況はいよいよ流動的ですが、いずれにせよ、あなたのお子さんは、親も知らない激しい戦いの中に放り込まれているのです。

最前線の厳しさを知れば、

「君も、よくやっているんだねえ」

としみじみ、我が子へのねぎらいの気持ちも、自然と湧いてくるのではないでしょうか。

どんな子が中学受験に向く？

「どんな子が中学受験に向くのですか？」という質問をよく受けます。

僕の答えは、

「根本的な向き不向きはありません」

ただし、

「入試本番の時点で、中学受験向きになれた子と、そうはなれなかった子はいます」

とも言います。

この違いはずっと気になっていて、20年以上、検証し続けてきました。そしてわかったのは、**中学受験に成功する子とそうでない子の差は、ほんのわずかだということ。しかも、本人がほんの少し、「主体的になれたか、どうか」**だけ、という見解にいたりました。

具体的には、

「ああ、今日は水曜日か。社会をやる日だな」

「昨日の模試の間違い直し、塾に行く前にやっておこうかな」

などと、「親や大人に言われる前に」自分で始められるかどうか。

この主体性を、入試までに一度でも持てた子が中学受験に向くのです。

「親が言う前に勉強をする、ですって？　ああ、そんなことが我が子にできたら、苦労しませんよ！」

と、どこかのお母さんの嘆きが聞こえてきました。

どうか、安心してください！

こうした態度は、もともと頭が良いかどうか、勉強が好きかどうかは、関係ありません。

意外に聞こえるかもしれませんが、「超優秀層」でも「勉強大好き」という子はそんなにいなくて、全体の1割もいないのです。

子どもたちは基本、勉強よりも遊ぶことが大好き。

その中で少しでも、**受験や勉強を「自分ごと」として意識して、行動できるモードに入れるかどうかが、分かれ目**なのです。

長く伸び悩んでも、最後の最後にミラクル（に見える）合格をつかみ取る子などは、この「ちょっとの差」の積み重ねが結果を引き寄せています。

教え子の中に、小6の4月から、受験勉強をスタートさせた子がいます。初めの時点で、四谷大塚の偏差値40。この子は危機感がハンパなく、10ヵ月間、猛然と受験に立ち向かい続けました。今思うと、「主体性」の塊のような子。中堅塾をメインにして、月に数回、僕が指導。「夏休み前に1周するといいよ」と言って渡した参考書を、夏休み前に3周していたのです。なかなかできることではありません。結果4校合格して、偏差値60超の公立中高一貫校に進学しました。

逆に、トップクラス常連で、一見順当に御三家レベルに受かったような子でも、入学後、やる気も学力も沈んでしまうことがある。そういう子を深海魚とも呼ぶらしいですが、マザコンで、親ベッタリで勉強していた子などはこうなりやすい。結局、真の意味での「主体性」が育たなかったのでしょう。

「長谷川センセ！　ぜひとも、その〝主体性〟とやらを我が子に授けてください！」

また、どこかのお母さんの声が聞こえてまいりました。

はい、承りました！

僕はこの主体性を「**自走モード**」と名付け、どういう条件がそろったら、このゾーンに入るか、「コツ」を長年検証してきました。

親は「軍師」、子どもは「戦士」。戦士は一人一人、性格も現時点の学力も成熟度も違います。その小さな戦士をいかに「自走モード」に持っていくか。それが、これから考える戦略の方向性です。

合格を引き寄せる「自走モード」

「自走モード」とは、スイスイと自転車を漕ぐイメージで、僕が名付けたものです。

子どもが、補助輪を外した自転車に乗る場面を思い浮かべてください。

最初からスムーズに乗れた子は少なくて、多くは大人が支えて練習します。何度かグラグラしながら練習したのち、ある日スーッと自分でペダルを踏み、漕ぎ出していく。その時、大人は手を放します。あとは自分で思うままに、自分の行きたい目的地へ進んでいく――。そんなイメージです。

これを中学受験の現場に当てはめると「自走モード」に入った子は、親や塾に言われなくても、自力でスーッと勉強に向かっていきます。

教え子の中でも特に、「自走モード」への覚醒が印象的だった、Bちゃんのケースを紹介します。

Bちゃんは、元気で活発、外遊びも大好きな女の子。お父さんが、

「わんぱくな子なので、面倒見の良いタイプの女子校に入れたい」

と考えて、そのススメで中学受験をスタートしたのです。

小学5年生の秋から僕が見ていましたが、その時点で、大手塾サピックスのAクラス（最下位）でした。ちなみに、サピックスのクラス設定は、Aから始まって、B、C、D、E、F……「α1（アルファワン）」と呼ぶ最上位まで、7〜30段階くらいあります（クラス数は校舎によります）。

Bちゃんは、お父さん、お母さんともに厳しいタイプだったので、親が見はっている時は勉強するものの、いない時は大きくサボってしまうところがありました。甘さがあるせいか、ある程度頑張ってはいても、テストの点数に表れてこない。6年になって夏休みを過ぎても、最下位クラス脱出にはなりませんでした。

「うーん。これは、かなり厳しい戦いになるな……」

正直いうと、僕は内心、そう思いました。

そして、Bちゃんには、

・『基礎力トレーニング』（テキスト名）は毎日やる

・特に地理が弱いので、『白地図トレーニング帳』（問題集）を、1ヵ月を目安に、自分で終わらせる

・『ハリー・ポッター』シリーズの一冊だけで良いので読む

の3つを課しました。

また、初回の授業からずっと言い続けていたことですが、

「受験勉強は、自分からやるのが大事なんだよ」

と、改めて繰り返しました。

1ヵ月ほど経ったころ。授業に行くと、Bちゃんが、

「長谷川先生。あれ、やったよ。白地図のやつ」

と、言うのです。

「おー、やったんだ。エライやん！　何ページくらいやったの？」

「全部、やったよ」

た。

「えっ」

Bちゃんはなんと『白地図トレーニング帳』を丸一冊、自分で終わらせていました。

6年生10月、ついにBちゃんは「自分から」勉強を始めたのです。

そして、塾の最後の組分けテストで、とうとう最下位を脱出。一つ上のBクラスに上がりました。

1レベル上がっただけ、と思う方もいらっしゃるかもしれません。でも、プロの視点からいうと、サピックスのような放任型の塾で、最下位クラスが3ヵ月続く事態は、指導がかなり厳しい状況。それが1年以上続いた後に、しかも周囲の子どもたちもレベルアップする受験直前期に上がったのですから、「奇跡」に近いことでした。

最後の4ヵ月、Bちゃんは生まれ変わったように、自分から果敢に勉強に向かっていきました。

そして迎えた入試本番。お父さんの念願でもあり、本人も希望した品川女子学院と、東京女学館に合格することができたのです。

どんな子も、親が「コツ」を持って導けば、必ず「自走モード」になれます。

ただし「自走モード」は一日にして成らず。時間がかかりますし、子どもの成長は早い子もいれば遅い子もいるので、その覚醒タイミングが前後するのは仕方がありません。

Bちゃんは5年生から導き続けて、最後の4ヵ月で覚醒したケースですが、中学受験の時点ではうまくいかず、うんと後になる子もいます。

では、次のページからはいよいよ「自走モード」になるコツを紹介していきます。

「自走モード」になる4条件とは

「自走モード」覚醒の条件は、次の4つです。

①**「計算力」**
②**「国語力（読解力）」**
③**「体」**
④**「習慣」**

この4つがそろった時、自然と「自走モード」へ向かっていきます。

それでは、それぞれの項目について、具体的に何をすれば良いのか、ここでは一つの目安として「小4まで」のお子さんと、「小5から」のお子さんとに分けて紹介します。

これは、多くの中学受験生にとって「小5」が一つの関門だから。僕は「小5の壁」と呼んでいるのですが、急にレベルが上がる、宿題の量も増えるなどの変化があり、多くの子がキツい思いをし、伸び悩みます。そこで、よくあるスランプも想定して「自走モード」への道筋のイメージを、分けてみました。

ただし、ここで示すのは、一つの「型」「目安」として考えてください。戦略とは、その子の状況に合わせてアレンジすべきもの。学年にかかわらず、その子の状況に合わせて、作戦を立ててください。

最終的に「自走モード」を目指すという、全体の方向性さえ間違えなければ大丈夫です。

「自走モード」になる、小4までの戦略

小学4年生までに、次の4つ、なるべく全てが備わるように準備します。

① 計算力

- 2桁、小数計算ができる（小3までに公文Fレベルが目安）
- 小4前半までに、分数小数、四則計算を自在にできる
- 百ます計算（1桁）を2分前後でできる

② 国語力（読解力）

- 1年で30冊の本を読む。伝記、サバイバルシリーズなどの学習系も含む漫画は0・1冊、少年ジャンプなど娯楽系漫画雑誌は0・01冊、ライトノベルは0・2冊換算

ワンポイントアドバイス

「ハリー・ポッターは最強」ジンクス

「『ハリー・ポッター』シリーズ全巻を読んだ子は合格する」。これは僕の中で、まだ破られていないジンクスです。これには理由があって、ある程度の文章量があり、物語を通じてキャラクターの違いや異文化に触れる体験が刺激になるのだと思います。映画、ＵＳＪから入るのもよし。入り口の多さも魅力です。

③ 体

- 外遊びを積極的にさせる
- 習い事をするなら、「体幹」を鍛えるものを選ぶ。バレエ、水泳、武道系など

ワンポイントアドバイス

優秀な子は姿勢がいい

昔の漫画などで勉強ができるガリ勉くんは、ビン底眼鏡で、ひょろひょろ、のイメージでした。でも実際は、優秀な子にそういうタイプはほぼいません。だいたいは姿勢が良く、元気が良く、血の巡りが良い。この違いは「体幹」がしっかりしているかどうか。自然に体幹を鍛えてくれる外遊びは目一杯させてあげましょう。

④ 習慣

- 「自分から宿題を済ませる習慣」が身についている
- 1日のサイクル、1週間のサイクルを決めて固定化
- (可能なら)朝の「ちょこっと勉強習慣」をつける

ワンポイントアドバイス

習慣づけは「歯磨き」のように

新しい習慣をつけるのは、大人でも、いいえ、大人になるほど大変なこと。歯磨きのように、早め早めに教えるほど親がラクです。特に「自分から宿題を済ませる習慣」は、共働き家庭などは何よりも優先して、声がけをするようにしましょう。

幼児～小2は○○だけでOK。やりすぎ早期教育に注意

お子さんが小さい段階から、「自走モード」を意識して子育てに取り組まれると良いと思います。早め早めの準備は、親子ともにあとがラクでしょう。

ここで、1点のみ気をつけてほしいのは「自走モード」への早めの準備は、子どもを天才に育てようとする、いわゆる「早期教育」とは全く違うということです。

教育熱心なご家庭は、過剰な早期教育が功を奏して小学校受験、中学受験がうまくいくことも多いです。

ただ〇〇式トレーニングや〇〇メソッドなどと銘打った教育は、子どもを優秀にしようとして「早熟にさせるだけ」というパターンがあります。

中学受験で成功しても、「大学受験」「社会人」という長期視点に立った時に成功しているかというと、案外その確率が落ちてしまいます。「天才級だったのに高校以降に失速」パターンは本当に多い。すっかり勉強嫌いになってしまったり、子どもの時の印象に比べて「おや？　もう少しいけたのでは」と思う大学しか受からなかったり、くすぶった社会人になってしまったり、ということもあります。

「自走モード」とは、大きくいえば、自分の人生を自分でなんとかしようとする力を育てること。周りは自立していく大学受験の時、社会人になった時にこそ、真価が現れます。

では、現在まだ小さなお子さんがいる家庭では、何から取り組めば良いでしょうか。

僕はざっくり、人とは

「体」→「こころ」→「頭」の順番で育っていく

と考えています。この順番は教育論でもよくいわれることで、ステップを踏まないと、おかしなことになってしまうのです。

お子さんが幼いうちは、とにかく「体」をじっくり育ててあげること。しっかり外遊びをして、体を動かす機会をいっぱい与えてあげてください。運動神経やスポーツの才能は、この点において関係ありません。

次の「こころ」とは情緒や思いやり、自律性のこと。僕は情緒や思いやりは「国語力」だと考えていますので、読書習慣がつけば最良です。ただ、読書は子どもによって個人差や好き嫌いもあるかと思います。もし、なかなか難しいようでしたら、「こんな時、○○ちゃんはどう思うかな」などと、他人の気持ちを推し量るように日々の生活を導いてあげるだけでも良いです。

最後に、一つだけ僕からお願いをするとしたら、小学校1、2年生までに「学校から帰ったら自分で宿題を済ませる」の習慣だけは、つけるようにしてください。この習慣づけだけでも十分ですし、よりラクに進めるためには、早くから声がけをしておくと良いです。例えば、「小学生のお兄さん、お姉さんは、家に帰ったらまず宿題をするの。○○ちゃんもそうしようね」などと、あらかじめ伝えておきます。また、習慣化されていない最初のうちは、親も一緒に取り組むようにすると、さらにスムーズでしょう。

将来的にいざ受験となった時に、これが身についているだけで、随分と親の負担感も減りますし、違いが出てきます。

ぜひ小学校に入ったら、この習慣だけは上手に仕向けていくようにしてください。

小5以降で、今から「自走モード」を目指すなら

すでにお子さんが「小5」「小6」だけれども、

「うーん、今一つ〝自走モード〟の4条件がそろうには程遠い。むしろ行き詰まっているかも……」

と感じるお父さん、お母さんへ。

この場合は、まずは着手しやすい「習慣」と「体」から働きかけてみてください。

「計算力」「国語力（読解力）」については、小6から受験勉強をスタートするお子さんにも、参考になると思います。

①「習慣」から働きかける

- 勉強環境を変えてみる。勉強中「視界に、何も目に入ってこない」のが理想。スマホ、ゲーム、テレビ、漫画が目に入らないような位置に移動、机の上を片付ける
- 学習関連を含めて、張り紙、ポスター、格言（「目指せ合格」「必勝」など）は全て撤去
- ほどよく親の目線や気配を感じる場所を選ぶ
- 「朝のちょこっと勉強習慣」を始める。コツは、起きてすぐ取り組める環境にしておくこと。ページを開いたまま寝る、など
- 一日のサイクル、1週間のサイクルの固定化は前提。もしできていないなら、親子でチェックして明確にしておく

ワンポイントアドバイス

「リビングで勉強する子は頭が良い」はホント？

僕の検証結果は「その通り！」。親の目がほどよく感じられることで、集中しやすくなります。ちなみに「超優秀層」の子は勉強環境にこだわりはな

く、ゴチャゴチャした部屋でも平然と集中する傾向にあります。「集中できる環境」を試行錯誤してみてください。

② 「体」から働きかける

- 軽い運動、ウォーキングの時間をとる
- 無理のない体幹トレーニングをやってみる（スクワットなど）
- 普段の飲み物を水か、薄いお茶にする

ワンポイントアドバイス

頭が良くなる飲み物?!

成績が伸び悩む子に、甘いジュースが好きな子がなぜか多い。かつてコーラをどうしても手放せず、机の下に隠して飲んでいる子もいました。一方で、勉強ができる子は水かお茶が多い。糖分の取りすぎは集中力を妨げるといわれるので、それがあるのかも。飲むならぜひ水か薄いお茶の習慣を。

③「計算力」から働きかける

- 百ます計算（1桁）を足し算・掛け算1分台前半、引き算2分前後を目標に、まずは1週間連続で行う
- 計算ドリルに取り組む（最初は易《やさ》しいと感じるレベルの反復から。難しすぎるのは要注意）

ワンポイントアドバイス

計算力がつくオススメ教材

- 『陰山メソッド　徹底反復　百ます計算』（小学館）※慣れたら同書2へ
- 『予習シリーズ　計算　5年上』（四谷大塚）※公式HPより購入可能

④「国語力（読解力）」から働きかける

- 漢字練習。最近、「とめ」「はね」「はらい」に（異常に）厳しいところが多いので、最初にしっかり覚えてしまう

● 本を10冊読む（漫画以外）。「長谷川オススメ書籍30タイトル」（205ページ）の中なら5冊でも良い

ワンポイントアドバイス

オススメ漢字ドリル

・『うんこドリル　かん字』（文響社）全学年分（子どもに抵抗感がないなら）
・『1年生かん字（くもんの小学ドリル　国語）』（くもん出版）から同6年生版

「長谷川オススメ書籍30タイトル」は、巻末205ページに載せています。本選びの参考になさってください。大人でも十分楽しめます。

ワンポイントアドバイス

「国語力」とは思いやり

教え子には1冊でも多くの本を読むようにすすめています。実際、本をたくさん読む子ほど、国語をはじめ他の科目もよくできる。大切なことは、国語力とは思いやりそのものだ、ということ。他人の気持ちを推し量り、心に届く言葉を届ける、それが「国語力」です。「思いやり」がなければ、本当に優秀な子にはなれないのです。

「小1で入塾」は必要？ 中学受験スタートの時期について

中学受験の大手塾の多くは、基本的に、新小学4年（＝小学3年2月。12月前後で入塾テストが多い）から始まります。ところが最近は、早くから生徒を囲い込もうと、小学1年生からスタートするコースも。

「小学4年ですでに定員いっぱい。希望の塾に入れなかった」

「小1から席を確保しておかなくてはいけなかったみたい！」

と焦って相談にくる家庭も増えてきました。

中学受験準備をいつから始めるのが理想でしょうか。

僕ははっきり申し上げて、「小1で入塾」は必要ない、と考えます。

もともと名門の塾、評判の良い（とされる）塾に行ったからといって、合格が保証されるわけではありません。小学1年で塾に入った子が有利に準備をできたか、実績が目覚ましいかというと、うーん、大いに疑問です。

結局は戦略次第であり、早くから塾に入ろうが入るまいが、要は、子どもが「自走モード」になれるかどうか。

その意味で、**「自走モード」への取り組みだけは、早ければ早いほど良い**、とはいえます。

「自走モード」の4項目のうち、「習慣」はお子さんが小さいほど抵抗なく、親も教えやすくラクでしょう。

中でも「国語力（読解力）」は、小さいころから本に馴染み、面白さに目覚めれば、自然と読む冊数が増えていく。「計算力」は公文が適していますし、通わなくても、公文の市販テキストで進められます。四谷大塚、浜学園などの、オンラインアーカイブ授業、学研の通信授業などを利用しても良いでしょう。

「体」にいたっては、言わずもがな。塾に通う時間を、思いっきり外遊びを経験させたり、習い事をしたりする時間に充てた方がどんどん鍛えられるのです。

また「自走モード」にすでに覚醒している子でしたら、逆に、小学6年から受験勉強をスタートさせたって良い。実際に小6から通塾を始める子はほぼ毎年いて、最近はこのパターンが少しずつ増えています。

といって、決して「小1から入塾」パターンを全否定はしません。お子さんにとって「自走モード」の4項目が、近くの塾に通うことでより達成しやすくなりそうだと、家庭で判断されるのでしたら、ぜひ選択したら良いのです。塾によっては、放課後の預かりも兼ねて、よく練られたプログラムも出てきているようです。

戦略の方向性は、子どもの「自走モード」を覚醒させること。そこからブレないで、独自の作戦をデザインし、実行していけばいいのです。

中学受験のスタート時期について、補足しますと、小学4年~6年という年齢的なタイミングの問題もあります。

その子の成熟度合いで、うまく「自走モード」にすぐ覚醒する子もいれば、少し遅れる子もいます。それは個人差であり、能力差ではありません。

それでも、「自走モード」に向かっていれば、万が一中学受験でうまく波に乗れなくても、そのあと高校受験、大学受験で花開き、実を結んでいきます。

「自走モード」への起爆剤、「挫折」はどんどん経験させて

ここで紹介する「自走モード」とは、スムーズに中学受験成功へと導いてくれる、魔法のメソッドではありません。

親御さんと話していると、

「いかにつまずくことなく受験勉強を進めるか」

「いかに効率良く目標達成（合格）させるか」

などと意識的にも無意識にでも、とにかくスムーズさばかりを求めている方が多いのを感じます。

そのようなご家庭では、子どもが転ぶのを恐れて、足もとの石ころを過剰に取りよけてしまい、「挫折」させません。

でも、「自走モード」に子どもをもっていくのは、「中学受験で挫折をさせない」が目的ではありません。

挫折しても、自分でなんとかする力をつけるのがゴール。模試で大コケするとか、悲惨なテスト結果を出すなど、小さな挫折を繰り返すほど「自走モード」の力はついていくのです。

だから、**親は子どもを、どんどんつまずかせるべきだ**と僕は考えます（鬼！）。

自分から楽しそうにバンバン勉強して、成績も模試のたびにうなぎ上りと、順調を絵に描いたような子も世にいなくはないのですが、僕の生徒でも5年に一人、いるかいないか。

情けないケアレスミスをしたり、見るも無残な成績をおさめたりして

「もうこんなの、イヤだ！」

と心底悔しがり、泣きわめいたり、すっかりふてくされたりする子の方がむしろ普通。激痛の中から、うっすらと「自分でやらないとダメなんだ。塾のせいにも親のせ

いにもできないのかも……」と自覚し始めるのです。

また、親サイドも
「挫折は想定内、どんどん来い！」

と意識改革すると、グンとラクになれます。

挫折は支えてあげればいい。子どもがしくじった時は全力でサポートする、という覚悟だけ持ってください。

覚悟があれば、少なくとも1回や2回、組分けテストや模試が悪かったくらいで、大声を張り上げなくてもすみます。本当によく見かけますが、子どもが受けてきたテスト結果（偏差値）に対して、キレたり大声をあげて叱ったりするのは、お子さんを一番ダメにしてしまいます。

ちなみに、中学受験での挫折というと、「全落ちしてしまうこと」と考える方もいます。「全落ちだけは避けたい、避けなければ」という言い方をされる方もいらっしゃいます。

「全落ち」は確かにショックな事態。お子さんの自尊心はズタズタになるでしょう。でも、その出来事でさえも、「自走モード」の子ならバネとなって、自ら「プラス」

に転じていきます。

「挫折」は起爆剤《プレゼント》。そのように認識しておくと、結果的に、子どもを大きく伸ばしてくれるでしょう。

子どものタイプ別「自走モード」への道筋

どんな親御さんでも、我が子の受験となると、急に冷静さを失って、自分の価値観で決めつけてしまう傾向があります。

そこで、客観的に考える一つのツールとして、「子どもの4タイプ」を紹介します。これは、僕がさまざまな知見と、敬愛する岡田斗司夫さんの「欲求の4タイプ」理論を元に、独自で「受験」に特化して考えたもの。各タイプの特徴と、そのイメージに近い著名人も挙げています。タイプに応じて、なるべく良いパターンで「自走モード」にもっていってあげられるように、親の接し方のポイントを紹介します。

お子さんの「タイプ」がわかると、コミュニケーションのコツが考えられるようになります。兄弟がいても、それぞれタイプが違う場合があり、親の言動を変えなくては効果が出にくいこともあるでしょう。また、お父さんお母さん自身も、自分がどれに当てはまるか、考えてみてください。親子で違うタイプであることは、とてもよくあることです。

世の中の専門家や、人気ブロガーのアドバイスも、このうちのどれかのタイプだけに向けて言っていることが多いもの。「うちの子」の効果的な伸ばし方を考える、ヒントにしてみてください。

①「おませ」タイプ

《特徴》

見ててほしい。仲良くしたい。

他人の目や評価をやたら気にする。女子に多い。服装に気をつかう。親も一緒に勉強してほしい。親の不機嫌な顔がイヤ。いがみあうくらいなら自分がひく。

- イメージ…中田敦彦さん
- 良いパターン

他人の評価が気になるので、自分から勉強する。点数を稼ぐことが満足につながるので、例えば暗記系など、手っ取り早く点数がとれる分野に意識が向きやすい。他人の仕草などに気がつきやすいので、国語が得意な子が多い。親の悲しむ顔が嫌なので前向きに取り組む。

●悪いパターン

親や大人の評価が気になり、悪い点数のテストを隠すなどしてしまう。自分にとって得意なものしかやりたがらなくなってしまう。思考系が伸びにくい。悪い評価が続くとプレッシャーに弱くなる。

●親の接し方ポイント

成功体験を早めに積ませる。見栄からくる本人の言い分もよく聞いてやり、「安心感」を与えてあげるようにする。「他人にダサいところを見られたくない」という意識をうまく利用して、自発性を高める。入試本番を早めに意識させる。親に強く出られたり、失敗したりした時のプレッシャーが強いので、優しい論調を心がける。

● 子どもの4タイプ

他人の目を気にする
周りが見えない
子どもっぽい[感情的]
大人びている[論理的]
1
「おませ」タイプ
2
「委員長」タイプ
3
「かたぶつ」タイプ
4
「ぼっちゃん」タイプ

②「委員長」タイプ

《特徴》

勝つのが好き。

高い論理性を持つ。他人の目をある程度意識するため、学歴の高さを気にする。①おませタイプと似ているが、このタイプはそのための努力を惜しまない。みんなから見て「良い学校」が好き。

- イメージ…堀江貴文さん、勝間和代さん

- 良いパターン

論理性が高いので優秀。高い理想と、それを裏付ける地道な努力で、最も成功しやすい。受験生としては理想に近い形で勉強を進めていける優等生。

- 悪いパターン

決して手を抜かないので、いつのまにか心の底では楽しくないことを無理に続けていることも。本人も知らないうちにストレスをためてしまい、ある時心が折れたり、合格や成功体験の後に、燃え尽き症候群になったりする。他人の気持ちに注意を向けられないので国語が苦手な傾向。

● 親の接し方ポイント

日ごろから無茶がたたっていないかをきちんと見てあげて、息抜きなどを意識的に働きかける。志望校などはなるべく本人の言う通りに。その際、中身より周囲の評判で志望校や進路を選びがちなので、親御さんは学校の中身、実情のチェックをしてあげると良い。世の中的な成功だけを重んじないように、導いてあげる。

③「かたぶつ」タイプ

《特徴》

わかるのが好き。

高い論理性を持ち、周りを見るよりは独断で突っ走ってしまう。本人はそのつもりはなくても、他人から「かたぶつ」に見える。「こだわり」が自分の中で完結しているので、空気を読めない発言も。親や先生の言うことをあまり聞かないが、成績はいい子が多い。「わかるのが好き」なので、テストが

悪くても、なぜ悪いかがわかると楽しい。

●イメージ…太田光さん

●良いパターン

頭が良い子。周囲に惑わされず、自発的に、自分のペースで勉強を進めていける。自分の興味とこだわりが上手くハマれば、ずば抜けた成績をとる。

●悪いパターン

成績が不安定になりやすい。視野の狭さから、信じられないようなケアレスミスをしてしまう。しかも、他人の意見などどうでも良い部分があり直りにくい。失敗経験が少ないと、逆に本番で失敗してしまう。

●親の接し方ポイント

本人のこだわりが良くない方向に進みそうな時は、「叱る」「戒《いまし》める」こと。また、叱る時は、こちらも順序良く、理論と証拠とともに、理知的に諭《さと》す必要あり。納得してくれればあとは強い。中学受験も論理的にその必要性を説得すれば良く、プレッシャーなどの心配も少ない。ただし、なかなか素直になれないので、こじれると伸びどまりも。幼少期は頭が良いのが手伝って、友人間では煙たがられるパターンがあるが、名門校はその不具合も少ないので、その意味でも中学受験はオススメ。視野を広げてあげると成功しやすい。

④「ぼっちゃん」タイプ

《特徴》

達成が好き。

「自分がやりたいこと」が何より優先。他人の言うことを聞かない。マイペースで世間知らずなお坊ちゃん・お嬢ちゃんタイプ。「受験はこうあるべきだ」が、自分のやりたいことにハマれば、うまくいく。芸術家タイプに多い。

- イメージ…手塚治虫さん、宮崎駿さん

- 良いパターン

生まれ持っての興味がうまく勉強と結びつく場合は、とんでもなく優秀に。好きなことを、好きなように自分から学びにいく。芸術家や天才タイプにもこのパターンが多い。

●悪いパターン

ゲームなどに興じてしまった場合は、学習との兼ね合いはかなりめんどくさい展開に。あまり他人を見ないし気にならないので、自分が痛い目をみない限り、物事の理解が進まない。好きなこと以外は勉強しない。

●親の接し方ポイント

成績面は4タイプの中で最も苦労が多い。ゲームなどを与えるのは中学以降にして、百科事典などを与えて興味をアカデミックなことや現実的なことにもっていく。「頑張って→挫折」の繰り返しを、長く根気よく続ける。例えば「受験回数を増やす」、「中学受験でやや失敗しても、大学受験で挽回」など、長いスパンで成長モデルを考えておく。このタイプに典型的な優等生像を求めるのはムダ。ごほうびをうまく利用しながら諦観して、長い目で。

第3章

目指せ「自走モード」作戦会議（Q&A）

この章では、「自走モード」に向かう道筋で、各家庭で困ったり、悩んだりしたことについて、「作戦会議」としてQ&A方式でお答えします。

中学受験の塾の選び方は？

Q

我が家が住むエリアは「塾銀座」。中学受験に熱心な家庭が多いといわれていて、最寄り駅周辺に大手塾も個人塾もいっぱい。ママ友さんに、大手塾には各校舎にカラーがあると聞き、昨年、御三家に受かった子は、さらに遠くの大手塾まで通っていたと聞いてびっくり。塾はどのように選べばいいのでしょうか。

（小学3年男子母）

塾は「家の近く」で選べばオッケーです。体の負担を考えて、都心ではせめて3駅以内くらいのエリアに収めると良いでしょう。たまに一時間以上かけて、電車や車の送迎で「評判の良い塾」「名門塾」に通っている子もいますが、そこまでこだわって通う必要は全くありません。**結局、どんな塾に入れても、授業時間は限られ、「完璧」**

なカリキュラムなどあり得ないからです。

塾の特徴を知って、足りないところは、家庭教師など別の方法で補えばよく、「自走モード」に向かえさえすればいいのです。

塾の特徴の捉え方は、次を参考にしてください。

○「大手塾（集団授業）」タイプか「個別塾（個別授業）」タイプか

サピックスや日能研、四谷大塚、早稲田アカデミーなど、中学受験を専門とした「大手塾（集団授業）」は、業界を牽引する存在。カリキュラムが研究されているので、御三家や上位難関校を目指す層にはもっともカリキュラムが効率的に作られている点で、プロとしてもオススメ。お友達の存在が常にいることで、受験へのモチベーションも保ちやすいです。

これに対して「個別塾（個別授業）」は、マンツーマンで勉強を見てもらうスタイル。大手塾である四谷大塚の『予習シリーズ』や『新演習シリーズ』を使っているところも多くあります。

このケースは全て、先生の力量次第。「ほとんど博打《ばくち》」だと考えて、先生のレベルや特徴を見極める必要があります。熱心で、子どもとの相性が良い先生に当たることができたら幸運なこと。

この2つのタイプに対して、個人経営塾は集団も個別もありますが、情報の少なさがネックなので、塾サイドがどれだけ情報入手に努力しているかどうかも確認しましょう（大きな声では言えませんが、10年前の認識で止まっている先生もいます……）。転塾する場合、大手塾に一定期間通わせて、「自分たちでできる」「補える」感覚をなんとなくでもつかんでからの方が、より「博打」のリスクを減らせます。

地域特化型の塾については、これらの特徴やポイントを参考にしてください。

○「大手塾」は「塾の管理の度合い」をチェック

専門の大手塾に入れたら、何から何まで面倒を見てくれる……ともし今思っていたら、それは大きな誤解です。

ここでは、代表的な大手塾を、「塾の管理度合い」のざっくりとした指標とともに紹介します（長谷川調べ）。度合いの数値が低いほど、親が面倒を見る必要度が上がる、

代表的な大手塾4つの指標

サピックス

教材、カリキュラムは業界の最高峰。好奇心、競争心が強い子向き。「計算力」がしっかり準備できていれば(小3で公文Fレベル相当)ならいける。通塾日数が少なく、塾の管理度合いは低く、先生が叱ってくれないタイプの塾。休憩がなく、「お友達と楽しんで勉強する」雰囲気はない。宿題を自分で済ます習慣がついていない子、自立心の低い傾向の子は家庭できっちり見なくてはいけない。

塾の管理度合い 1

四谷大塚・早稲田アカデミー

四谷大塚はこの業界の老舗であり、スタンダード。教科書の『予習シリーズ』がきっちりしていてフルカラーであり、自分で勉強が進めやすい。『予習シリーズ』は中堅塾、個人塾でもよく使われる。最大のメリットはペースメイキングをしやすいこと。「週3回行って、土曜日にテストを受けて復習」と習慣化できれば、親の負担は少なくなる。特徴は早稲田アカデミーもほぼ同じ。

塾の管理度合い 3

日能研

少しずつ難度が上がっていくように、段階が丁寧に作られたカリキュラム。小学6年で、レベルを少し下げたところからもう一度始まるので、小6で仕切り直したい子に向く。通塾日数が多い。普段から記述指導があり、記述式の多い入試対策に向く。室長の個性がある程度出やすい。

塾の管理度合い 3

希学園・浜学園

入塾が最も厳しく、資質の高い子をきっちり面倒を見る、という方針。基本的には何から何まで面倒を見て、宿題もチェック。能力があっても家で文句ばかり言ってサボってしまうタイプは、「怖い先生」のところでやれる。また落ちこぼれても絶対に拾ってくれる。親が最もラク。通塾日数は多め。習い事との両立はほぼ無理(ただし、近年の浜学園は「管理度合い3」くらいになりつつあります)。

塾の管理度合い 5

と考えてください。ここに名前が挙がっていない塾も、この4つのうち「管理の度合い」が、どれに近いかを考えれば、およそ外れないと思います。

「塾の管理度合い」を見ると、サピックスと希学園・浜学園は対極にあり、その間に、四谷大塚、早稲田アカデミー、日能研があります。塾の管理度合い＝親が宿題管理などで子どもを見なくてはいけない度合い、ということ。その点、「個別塾」は比較的、管理度合いが高いといえます。

この指標とともに、各家庭でできる負担、お子さんのタイプ、自立の度合いも合わせて、総合的に塾を判断できるとより良いです。

近年、サピックスの実績が目覚ましいので、何も知らない家庭が「とりあえずサピ」に入れて、塾のフォローのなさに泣く→僕のコンサルにレスキュー要請が来る、というパターンが頻発しています。サピックスは特に「伸びるタイプ」がはっきりしていますのでご注意を。逆にいうと、うまくハマれば日本を代表するような「超優秀層」へと成長するかも！

○ 塾の「体験授業」で見るべきポイント

大手塾でも、個人経営塾でも、必ず一度は授業体験か見学をするようにしてください。特に個人経営塾は良くも悪くも、一人の先生の個性が大きく影響します。次のポイントを参考に、見極めましょう。

□先生、そこにいる生徒と子ども自身が合いそうかどうか。親の感覚で決めず、子どもの感覚を尊重する
□塾長に「なぜ勉強するべきだと思いますか」と質問し、その答えが、親自身の感覚に近いかどうか
□小テストがあるか
□宿題チェックがあるか
□できない子に対して居残りさせるかどうか。居残り制度を子どもは嫌がるが、そちらの方が伸ばしてもらえる
□「できない子」に対して、先生がどういう態度か。きちんと怒っているか。放置していないか

最後のポイントについて補足しますと、最近は余計なクレームを受けたくないので「ちゃんと叱る」塾の先生が、極端に少なくなっています。

「きちんと叱ってくれる」塾を見つけられたら、親御さんはかなりラク。家庭でケンカのリスクが半分くらいになります。家で勉強を見る時間的余裕のない共働き家庭などにはオススメです。

ただ1点、気をつけてほしいのは、個人経営塾に多いのですが、厳しさをはきちがえ、暴言を吐いてしまう「昭和のパワハラ系上司」のような塾講師も決してゼロではないこと。子どもの人格を尊重できない大人は、子どもの能力を伸ばすことなど絶対にできません。最近の子どもは怒られることに慣れていない部分もあり、その兼ね合いは難しいところですが……。

ワンポイントアドバイス

良い家庭教師と出会うコツ

僕がいうのもナンですが、良い家庭教師とのめぐりあいは、ズバリ運だと思います（笑）。

ただし、中学受験に限っていうと、

1、中学受験経験者

2、国公立大学出身

の両方を兼ね備えた方が「当たり」と出やすいのではないか、と思います。

中学受験はあまりに特殊な世界。まず、先生自身がその熱量としんどさを体験しているのとしていないのとでは、子どもへの接し方に大きな違いが出ると思うのです。

また、国公立大学の受験勉強をやり遂げた人の方が、中学受験の指導に向いているように僕は感じています。なぜかというと、国公立大学の入試は、どの科目も段階を丁寧に踏み、まんべんなく学んでこそ合格できるスタイルだから。それが、中学受験の本質には合っているのです。一方、私大受験は、得意な科目を見極め、スピーディーに徹底的にこなす方が成功しやすい。中学受験で「子どもを伸ばす」という観点からは、国公立大学型の勉強スタイルが身についていて、かつ成功体験がある人の方がふさわしい気がします。

小5で塾の内容が急に難しくなった。どうしたら？

Q

小4から大手塾に通い始め、最初は本人も楽しそうに通っていたのですが、小5になった途端、塾がキツくなってきたようです。内容が難しく、宿題の量も増えました。親も正直、付き合いきれなくなってきています。どうしたらいい？

（小学5年女子母）

典型的な「小5の壁」ですね。急に内容も難しくなり、宿題も増えて、多くの子にとって辛い時期です。この時期のスランプは、だいたい5年生の5、6月に〝発症〟しますが、その伏線は2月から始まっていることが多いです。「よくある症状」ですので、あわてず、騒がず、次の手当を試しましょう。

①「計算力」

小学校4年生後半の小数、分数計算でつまずいている可能性大。

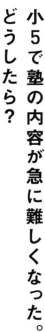

具体的には、『4年生分数・小数（くもんの小学ドリル算数計算10）』（くもん出版）から、小6内容までを、2週間を目標にやり直す。

②「国語力（読解力）」

「長谷川オススメ書籍30タイトル」（205ページ）から、とりあえず「5冊」を選んで読む。

以上、2点をやってみてください。

また、「みんなも辛いんだ」と思って、この時期、しんどくても耐えてやり切ると3ヵ月後くらいには「意外にやっていける」と思えるはず。「多くの先輩たちがそうだった」と、ぜひお子さんにも教えてあげてください。

お父さん、お母さんに特にお願いしたいのは、**優秀で、順調な他の子と決して比べないこと。**「よくできる、隣の子」は少し早い時期に土台を作っているだけかもしれませんし、何かしら努力を重ねてきているものです。

我が子だけを見て、ひたすら励まし続け、ねぎらい続けましょう。

Q

塾の宿題量が多すぎます。優先順位のつけ方は？

塾の宿題が多すぎる上に、次から次へテストがあり、そのテスト直しや準備にも手が回りません。優先順位をつけてやりたいと思いますが、ポイントを教えてください。

（小学5年男子母）

おそらく、お子さんはすっかりしょげて、自信をなくしているでしょう。

僕なら、

「おー。君も頑張っているねー」

と、まずは優しく言います。そして、

「でも全部やりきったら、だいたいいいところ行けるんだよ〜」

とも伝えます。この多すぎる勉強量を、自ら隅から隅までやるのが「超優秀層」。

そういう子たちが筑駒や女子学院、渋渋、灘などに合格していくのが、シビアな真実です。

ただし、そうはいっても現実的に、どうにも終わらないこともあるでしょう。中堅校狙いの層でも、ハイレベルな戦いに追い込まれるのが、この業界の構造。勉強量にアップアップしたら、次の優先順位を参考にしてください。

優先1、計算と漢字だけは毎日やる
優先2、塾の小テストは8割の出来を目指す
優先3、塾の教材は基礎と、少し上までのレベルまでをやる。そこから上のレベルは余裕があればやる、とする（目安：四谷大塚「練習問題」まで、サピックスなら「C」まで）
優先4、テスト直しは「少し教えてもらったり調べたりしたらできるもの」を対象に行う。「さっぱりわからないもの」「手も足も出ないもの」は今は捨てる。半年後にわかれば良し、とする

以上の基準で、やることとの優先順位をつけて、まずは体制とモチベーションを立て直していきましょう。長期戦ですので、睡眠もしっかりとってください。

徐々に体制を整えながら、最終的には「全てこなす」ことを目指していってください。特に偏差値60以上の学校を志望している場合は、「全部やる」「隅から隅までやる」覚悟を持った方がいいです。

転塾はいつまでにするべきですか？

Q

塾の成績が一向に上がりません。何度か塾の先生とも話し合いましたが、あまり納得のいく対応ではありませんでした。来年は受験学年ですので、塾は変えない方がいいのでしょうか。

（小学5年男子母）

基本的には「どんな塾でも完璧ではない。足りないところを補いながら、その子に合った作戦で進めれば良い」というのが、僕の考え方です。

今の塾に不満があっても、あまり転塾の選択肢は考えず、やり方を工夫していくことで「自走モード」を目指す方が、結果は良い気がします。

ただし「塾を変えたい」と思う理由が、次のいずれかに当てはまる場合は、転塾した方が良いと考えます。

また、転塾するなら1回だけ、小学5年の1月までの間で、を目安にしてください。

□塾の先生が暴言を吐く、言葉遣いが汚い。例えば「○○できないならやめてしまえ」などネガティブなことを言うなど

□教室の雰囲気、環境が勉強に集中できないものになっている（先生の注意が甘く、うるさいなど）

□面倒見のあまり良くない塾で、最下位クラスにとどまることが3ヵ月続いた（＝完全についていけていない）

□トップクラスの成績が1年以上続き、一人勝ち状態。案外受験本番で失速するパターンがあるので、よりハイレベルの子が集まる塾に変わった方が良い

以上を参考に、慎重に判断なさってください。

「塾なし」で中学受験はできますか？

Q

息子はサッカーが好きで、「中学受験もしたいけれど、サッカーはどうしても続けたい」と言っています。続けるとなると塾通いは無理。塾には通わず、オンラインと家庭学習だけで中学受験勉強はできるものでしょうか。

（小学3年男子父）

御三家・上位難関校を志望する子には、通塾した方が良いと、プロとしては思います。絶対無理ではないし、過去にも「塾なし」で開成中学に合格した子はいました。ただ、もともとの素養が必要で、かなり厳しい戦いになることは否めません。

一方、中堅校を志望する場合は、それこそ戦略次第だと思います。

特に、第2章で紹介した「自走モード」に向かっている、もしくはすでに「自走モード」に入っていると判断できる子なら、塾なしの受験スタイルもありだと思います。

実際、僕の生徒にも「塾なし」派がだいぶ増えてきました。最近はコロナ禍の影響もあり、各塾とも急速にオンラインシステムが整備されてきましたので、このスタイルは追い風とはいえるでしょう。

ただし、当然デメリットはあるので、そこをカバーする工夫は不可欠です。

まず、**「親」に覚悟があるかどうか。**勉強を進めていくと、細かい質問がたくさん出てくるのですが、その都度対応してあげる、時間的余裕と心構えがあるかどうか。

また、**通塾の最大メリットは「テスト経験」と「他の子からの刺激」**。自宅学習では、どうしてもそこが甘くなります。

塾が頻繁に行う小テストは、習熟度、理解度の客観的なチェック機能。それが自分でやるとなると、親にチェックしてもらうなどしても、甘さが出てしまいます。

特にテスト解答の「書きっぷり」は、ものすごく重要。「少しの脱字、雑な字で点がもらえなかった！」という経験にも、小テストの意味があります。

昨今は、漢字のとめ・はね・はらいなども、驚くほど厳しくチェックされてしまいます。親は子どもの字を見慣れているのでゆるいのですが、赤の他人の先生だとそうはいかない。小テストは「小さな挫折」の素晴らしい機会なのですが、それがないことは、かなりのハンデだとお考えください。

また、塾では、同じ目標に向かっている子たちが同じ教室に集まっているので、受験に向かう空気を肌で感じることができます。ライバル意識と仲間意識が「共闘感」を作り出し、それで辛い戦いに向かっていけるので、その効果は計り知れません。

以上をカバーするには、模試をたくさん受ける、モチベーションを保つ工夫をたくさん持っておく、などでカバーをしていくしかありません。

補足しておくと、「塾なしで受験勉強をする！」と決めた子は、相談者のように「習い事とどうしても両立したい」とか、「マイペースでコツコツ勉強を進めたい」など、動機がかなり主体的。もともと自立している子が多いのはアドバンテージです。

塾なしスタイルは今後も増えるでしょうし、良い報告も出てくる予感。オンライン体制の動向については、各塾ともまだ試行錯誤の段階にあります。今後の動きに僕自身も注目して、知見を深めていきます。

偏差値が伸びず、模試のたびに親子バトルです……

Q

模試を受けていますが、第一志望校に「10〜15」足りないという悲惨なレベル。けれども本人に危機感が薄く、のんびりしています。ついガミガミ言ってしまい、毎回親子バトルへと発展。もう私の方がキレそう。助けてください。

（小学6年女子母）

A

39ページでも言及しましたが、「偏差値」とは、家庭で使いこなすには難しい指標。各家庭では、入試直前に併願校を決める時に参考にするくらいにとどめて、今の段階では偏差値は気にせず、気にするならば「素点」のみを見ていきましょう。

補足しますと、偏差値が10上がるには、「人が変わったかも」というくらい、大きな変化がないと上がりません。

また、頑張っている成果が模試の結果に表れてくるのは2、3ヵ月後。よく夏休み明けの模試で「あんなに頑張ったのに、思ったほど伸びていない」と焦る方も多いのですが、タイムラグがあるのです。

さて、その上で、「模試」の見方をレクチャーします。

まず、**本人に聞くべきなのが「テスト全体を全力でやろうとしたか？」**。本人なりに「全力でやった」と答えるのならば、多少親として不満があってもオッケーとします。

一生懸命やったのに結果が悪いなら、問題点があぶり出されたということ。「本番でなくてよかった、今ならまだ対処できるね」と喜びましょう。

逆に、本人が「全力でやった」と言えないのならば、悪い結果は必然。それを本人が「ヤバい」と自覚するまで、待つか、おだやかに諭すかしましょう。怒ってもムダですが、一回あえて怒った方が効く場合もあります。

その上で、今度は「問題用紙」と「解答用紙」を見ながら、次のことをチェックします。

□大きく踏み外している分野がないか
□テストの過程を頑張ったか（途中式や記述を頑張っているか、その痕跡があるか）
□以前のテストから少しでも改善があるか

根本的にわかっていない分野はやり直せば良く、途中まで頑張っているのなら、時間が足りていないという原因がわかります。もし、前のテストよりも、例えば「漢字の正解数が増えた」「最後の問題までとにかく手はつけた」など、改善されたところが少しでも見られたら、それはほめてあげてください。

「以前やったのにまた間違っている」「同じようなケアレスミスをしている」のも、二度と同じ間違いをしないためにどうすれば良いのか、検討していけば良いのです。

といいつつ、同じ間違いを繰り返していたらウンザリ。積もり積もって「マジでキレる5秒前」（古い）の親御さんもいらっしゃるかもしれません。

お父さん、お母さん、よーくよーく、その気持ち、お察しいたします。

けれども、本書で何度も申し上げていますが、親が暴発することだけは、戦略上、最も避けてほしいパターンです。

巷（ちまた）では、アンガーマネジメントとして、「怒りを感じたら6秒カウント」という方法が知られています。マジギレしそうになったら、「6秒」だけ心の中で数えて、感情のピークをやり過ごす、というメンタルスキルです。僕も、家庭教師とは別の場面で試したことがありますが、なかなか有効でしたので、試してみてソンはないと思います。

怒りが沸点に達しても、親子関係がぶっ壊れる局面だけは避けられるでしょう。

僕が授業をしていても、

「この子、また同じミスしとるわ。何度同じことを言わせんねん」

と正直、思うこともあります。でも長年の経験で、

「子どもは何度も間違えるもの。3回までは大目に見よう」

と決めて接していますから、キレることはまずありません。同じことでも100回説明する覚悟を持っています。「そういうものだ」と先に思っておくと、カチンとくることも減ります。親御さんの場合は、5回までは大目に見る、くらいがちょうど良いかもしれません。

また、ヒートアップしないためのオススメの方法は**「ぼやき作戦」**。

「食塩水の問題、またダメだったかー。ちゃんと図は書いてあるんだけどねぇ（＝過程は認めている）」

「漢字、形は合っていたんだけどねぇ（＝過程は認めている）。また、とめ、はねで点を引かれてしまったか。厳しいなァ……」

など、ブツブツと「ぼやいて」みせるのです。

僕のイメージは、野球の名監督、故・野村克也さんのイメージ。バトルになってヘトヘトになるより、心の平安が守られるので、かなり良いですよ。子ども心にもジワリと染みやすいでしょう。

ただし、この相談者のお子さんは、わりとのほほんとしていますね。模試に全力で

こ、これが
TOKYO家庭……!

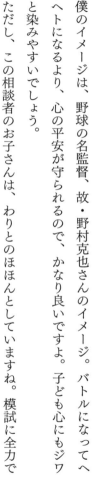

家庭教師になり初めの頃は差し入れに驚いたものです
ラ・フランスって何?
ミルクレープ
うますぎる!最高!!
豪華海鮮丼!
お腹が満たされる~
そしてこちらは……芸術的な謎のケーキ
もはやどう食べればよいのかわからない
考えるケーキ
※決して差し入れはなくて大丈夫です

向かっていない子、ミスしても平気な子は、本番で失速しやすいです。テストを「舐めてる感」が垣間見える子は毎年いて、こうした子たちには、僕も本気で胃が痛みます。

でも、長年子どもたちに関わってきてわかったのですが、いくら大人が怒ったり責めたりして、一時的に効果が見えたとしても、まず持続しません。結果もだいたい良いことにはならないのです。

本人がうんと痛い思いをして、「自分でなんとかしないと!」と心の底から思い知るほか、どうも更生の道はないのです。

親は「最悪、受験本番で失敗をするかもしれない」と、腹をくくってください。覚悟を決めた親の様子から、子どもが察することもあります。

Q

ケアレスミスが減らない。どうしたらいい?

あがり症なのか注意力散漫なのか、問題文を読み間違えた、とか、いつもならできる計算をミスしたなど、テストの時のケアレスミスが目立ちます。本人も気をつけるとは言っていますが、なかなか直りません。どうしたらいいのでしょうか。

（小学5年女子父）

僕自身、かなりケアレスミスが多い生徒でしたので、人一倍苦労をしてきました。高3の時など、センター試験で〝やっちまって〟います。ここで、ケアレスミス撲滅を探求してきた僕なりの、分析と傾向、対策を発表します。

ケアレスミスには「萎縮系」「傲慢系」「無思考系」の3つがあります。

① 萎縮系

自分の能力を過小評価して、ビビって萎縮して起こるミス。普段怒られがちな子や、本当はプライドが高く、それを表に出すのをカッコ悪いと思っている子がプレッシャーからするミス。テスト中頭が真っ白になったり、計算ミスをしたりするなどが多い。挑戦心がないことも、つまずく大きな原因。

・基本的な対策
まずはテストに向かう自信を持たせる。親が原因となることが多い。

②傲慢《ごうまん》系

「へっへーん、どうせ大丈夫だろ」というような、侮《あなど》りと「上から目線」から起こすミス。地頭のいい受験生に、圧倒的に多いパターン。「ケアレスミスなんて大したことない」と思っている。能力の高い子に起こりがちなミスで、東大生でもよくやらかしている。いわゆる若気の至り。

・基本的な対策
テスト解答の作成時に、自分でも簡単だと思っていても線を引くなど、謙虚な姿勢を獲得することが大事。

③無思考系

基本的に思慮が浅く、用心しないタイプのミス。素直だが勉強ができないタイプの子に多い。なぜテスト・勉強をするのか、そのテストに対しての自分の立ち位置が見えていない。無計画で、時間配分などでミスってしまうタイプ。計算の筆算などがぐちゃぐちゃの子なども、このタイプになりやすい。

・基本的な対策

テスト全体を俯瞰《ふかん》する目を養う。「数分後の未来」を想定する。

ケアレスミスとは、この3種の傾向の組み合わせで起こります。性格や遺伝特質、精神的成熟度によって、どのミスの頻度が多いかが決まり、それを「直そうとしない」ことから、重症化するというわけです。

「ケアレスミスに気をつけなさい」と注意しても、どういう原因でそのミスをしているのかを、分析もせずに言ったところで意味がないのです。

まずはどのタイプのミスが多いのか。どのタイプのミスから潰すべきか。それらを「本人に」自覚させてください。親子で、もしくは塾の先生に協力してもらって、徹底的に本人に分析させるのです。ちなみに僕は〝萎縮系〟のミスが多いタイプでした。

僕が知りうる限り、最も悲惨なケアレスミスの実例を挙げておきましょう。

「間違っているものを選びなさい」という問題だったのに、普通に「合っているもの」を選んで、不合格だったケースです。

元教え子のCくんはいわゆる秀才でしたが、とある名門校の理科で、このミスをやらかしました。

4問ある選択肢全て、「合っているもの」を解答してマイナス8点。得点発表をしてくれる学校だったのですが、5点足りずに落ちてしまいました。

合格発表の日も授業をしていたのですが、Cくんの大変な嘆きっぷりは、今でも僕の心の傷。ケアレスミスの悲惨さを胸に刻むことになりました(涙)。

「適当で〝ないもの〟を選びなさい」なのに、合っているものを選んでしまうことは、本当によくあること。

これを「入試本番では気をつけるしー」「自分はしないしー」と考えていると、そういう子ほど、本番で信じられないミスをすることになります、ホントに。

ほんの一瞬でも、

「あ、自分もやっちゃうかもしれない……」

と思えた方が良いのです。

ケアレスミスは、最悪想定をすることが一番大事。**「自分はミスをするかもしれない」と本人が自覚し、本人が想定するほかに、防ぐことはできない**からです。親が目くじら立てて責め立てたところで、「萎縮系」になってしまい、さらにミスは増えることになります。

親にできることは、

「そんなんだと、入試本番で痛い目見るんちゃう?」

などと優しく、かつチクッと言い(ネチネチ言わない)、その自覚を促すことだけです。

と同時に、人間、生きている限り、ミスは絶対にゼロにはなりません。その覚悟と大らかさも持ってくださいね。

Q

記憶力が悪くて暗記系が苦手。対策はある?

うちの子はどうも暗記系が苦手なようで、特に社会の歴史などに苦労しています(遺伝かな……)。暗記が得意になるコツや対策があったら教えてください。

（小学5年男子父）

どうも世間には、「暗記力」について、大きな誤解があるようです。

例えば、大学受験で東大を志望するレベルの生徒は、英単語の本などでも最低5周はして頭に入れます。「覚えられない」「暗記が苦手」などと訴えてくる子に聞くと、ここを2周くらいしかしていないことが多い。

「覚えられなくて当たり前やん！」

と、僕はツッコみたくなります。まず「そこまでの努力をしたか？」を自問自答させてください。

記憶力や暗記力について、個人差というのは、ほとんどありません。要は「覚え方」の問題であり、記憶力の差とは、工夫の差なのです。

「覚えられないよー」と苦しんでいる生徒をよく観察していますと、「完璧に」覚えようとしているだけだ、という傾向もあります。

「暗記力」と聞いて、かつて空海さんが持っていたという「求聞《ぐもん》持《じ》法《ほう》（＝一度見たものは忘れないこと）」とか〝ドラえもんの暗記パン〟みたいなものを想像していませんか。

そんなものは世の中にまずない、と考えてください。

暗記が得意という子どもたちも、最初から決して「完璧に」覚えようとはしていません。歴史の年号でも漢字でも、最初にザッと1周して、覚えている率は5割、6割くらいがいいところではないでしょうか。

つまり、コツとしては、「どうせ1周では覚えきれない」と力みを捨てること。

1周目は、その範囲をザッと見て、まずはその課題の「全景」を見ておく。すると、後ろに書かれていることとの理解が深まったり、より重点ポイントが見えてきやすくなります。なんとなく「全景」を知った上で、2周目、3周目と回数を重ねていくのです。

その上で、次の方法も試してみてください。

- 思考で補う（どうして、なぜ、も一緒に覚える）
- リラックスして問題集に向かう（踊りながら、歩きながらの暗記もオススメ）
- ストレスやプレッシャーを感じないようにする（焦っても覚えられない）
- イメージを補佐するものを積極的に活用する（イラストや絵を描いて覚える、写真、図

表と一緒に覚えるなど）

- 根気よく覚える覚悟を持ち、何度も挑む。忘れたころに、再び覚え直す（人はしょせん忘れる生き物と知っておく）

「覚えられない」と嘆くお子さんに、ぜひ教えてあげてください。

そもそも「机に向かって勉強する」習慣がないのですが……

Q

これまで勉強は、学校の授業と宿題以外したことがなく、野球と外遊びに惚《ほう》けていた息子。「机に向かって勉強する」という習慣がまるでありません。入塾したばかりですが、習慣づけが大変。息子も機嫌が悪く、早くも中学受験をやめたい……(私が)。

（小学4年男子母）

本書で何度も述べていますが、子どもの「勉強嫌い」は当たり前のことなんです。何年かに一度、学問の神が遣わしたような、勉強を愛してやまない、とても思慮深く優秀な子にも出会います。が、それは神のみぞ知る。滅多にありません。

子どもにとっては、自由に虫を追いかけたり、鬼ごっこをしたり、好きに漫画を読んだりする方が、楽しいに決まっています。

そこを「中学受験」のシステムに突っ込むのですから、突然であればあるほど、子どもにとっては世界が一変したくらいのインパクトがあります。ペースをつかめないうちは疲れてしまい、機嫌が悪いのも仕方がないかもしれません。

親が叱っても反発を招くだけ。なるべく励ましながら、ペースを作り上げて「自走モード」に持ち込むしかないのです。

ペース作りの一番の理想は、とにかく、「学校から帰ったらすぐ宿題」習慣を早くからつけること。早ければ早いほど、親子ともにスムーズでしょう。

しかし、相談者のお子さんはすでに小学4年生。習慣づけの方法としては、新しい「環境」を整えてあげるところからスタートするのがいいと思います。

塾の自習室や図書館など、自宅以外の場所で、勉強に集中できるところを探して利用したらいいのです。

お母さんが塾と相談して、「先生から〝自習室で勉強していいよ〟と、何度も声がけをしてもらうようにした」という人もいました。自習室はほかのお友達もいるので

「○○くんも頑張っているから、僕も頑張ろうかな」と次第に勉強に気持ちが向いていくようになったのだとか。

万人向けではありませんが、近所のファミレスで勉強することにした親子もいます。お父さん、お母さんはパソコンを広げて仕事を、隣でお子さんは塾のテキストを広げていたそうです。

また相談者のお子さんのように、**外遊びをしっかりしていた子は体幹が強い**ことが多い。「自走モード」の条件の一つをすでに十分満たしています。

体幹が強く姿勢がいい子は、不思議と「巡りの良さ」があります。「巡りの良さ」とは僕の造語なのですが、良いタイミングで良い教材に出会う、良い先生に出会う、前の日にたまたまやった問題が入試で出るなど「不思議と運がいい」ことをいいます。野球や外遊びをしてきたということは、中学受験を乗り切る体力もしっかりあるということ。相談者さんも自信を持ってほしいですね。

ちなみに、子どものモチベーションアップのためには、早くから文化祭や学校説明会に連れて行くのもオススメ。もし可能なら、元気で賢そうな在校生とお話しできると、なお良し、です。

少し前、僕自身もまだスケジュールに余裕があったころは、当時の教え子を、元教え子のいる文化祭などに連れて行くことがありました。ステキな「先輩」に会わせると、子どもの目の色が変わります。何度なだめたり怒ったりしても今一つだった子も、一発で変化するので、効果絶大です。

Q

公立中高一貫校に行かせたいのですが、勉強法は？

私立中学はお金がかかるし、全く考えていませんでしたが、最近「公立中高一貫校」が躍進しているのを知って、興味が湧きました。公立中高一貫校の入試はどんな準備をしたらいいのでしょうか。

（小学5年女子父）

「公立中高一貫校」は私立よりも学費が安く、東大などの国公立大学への進学指導もしっかりしています。また素養としてもバランスの取れた優秀な子が集まりやすく、親御さんとしては安心、なかなか魅力のある存在です。

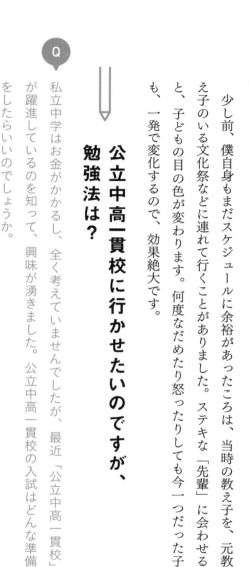

僕はかねてから、

「公立中高一貫校志望でも、まずは私国立型の受験勉強をした方がいい。その上で、作文や資料分析など、公立ならではの対策を組み合わせていくのがいいでしょう」

と、アドバイスしています。

各家庭の経済事情はあると思いますが、**公立中高一貫校だけを狙うのは、運に左右される要素があまりに大きすぎる**のです。

私立中学と違って、「適性検査」と呼ばれる試験は、難題奇問の類はなく、公立小学校で学ぶ知識の範囲から出題されます。

けれども現在、どの学校も大変人気が高く、中には10倍近い倍率になるところもあり、通信簿の査定による足切りも。また、記述や作文中心なので、出題テーマによって〝向き不向き〞がはっきり出て、運任せになってしまいます。

子どもにとっては適当にやっても受かるかもしれない反面、しっかりやっても落ちるかもしれない、という試験。フタを開けるまでわからない、**博打的要素が多すぎる**のです。

また入学してから、「地元枠」との学力差で軋轢《あつれき》が生じている学校の存在も、ちらほら耳にしています（ただし、それをどう考えるかはご家庭次第でもあるとは思います）。

最近は、適性検査における文章量がどの教科でも増え、時間配分が難しくなってくる学校が増えているように感じています。公立中高一貫校一本でも、もう少し幅広く勉強をして、並行して普通の私立も狙ってみる方が、結果として良いのではないでしょうか。

仮に、経済的な事情で私立中学への進学は不可能でも、しっかり身につけた学力はその後、高校受験や大学受験にも生きます。

また、努力して「合格」を経験することは、自己肯定感を高めてくれる、一つの支えとなるでしょう。

6年生スタートは遅いですか？

Q

地元の公立中学校に行くつもりで、全く中学受験に興味はありませんでした。ところが、先日たまたま、ある私立中学を見学したのをきっかけに、「僕も中学受験をしたい」と言い始めました。来月には6年生です。そもそも間に合うんでしょうか？

（小学5年男子母）

「小6で急に中学受験を決めた」という家庭は、年々増えています。事実、小6スタートの生徒は意外と良い結果を出すことが多く、僕は「難関校を目指すのでないのならばアリかも」という感想を持っています。

なんといっても、子ども自身の「もう間に合わないかも」という危機感とモチベーションがハンパなく高い。**すでに「自走モード」に覚醒している**のです。短期集中で、一年間（正確には10ヵ月）を走り続けることができます。

もちろん現実的には、御三家と上位難関校レベルは厳しいといわざるを得ないのですが（100%無理とは言いません）、中堅校レベルなら、十分可能性はあります。

時間がない中での、ガチな戦略プランを紹介します。このプランは、小5でつまずいてしまって「小6から仕切り直したい」という子にも大いに参考になると思います。

ガチ戦略 1 小6の5月連休までに、「計算力」と「国語力（読解力）」の最低ラインに追いつく

《計算力》

●『陰山メソッド　徹底反復百ます計算』（小学館）で百ます計算を「2分台」に上げておく

●『予習シリーズ計算』（四谷大塚）の4年生、5年生版を、一日3、4ページずつ済ませる

《国語力（読解力）》

●漢字教材を一つ、終わらせる。オススメは『サピックスメソッド　漢字の要ステップ1　マスターブック』（代々木ライブラリー）

ガチ戦略②

4月から6月までの間に、算数、国語、理科、社会の基礎を一通りやる

●『首都圏模試受験生の2人に1人が解ける基本問題』（学研プラス）の4科目分を一通りやる。社会と理科は『中学入試　自分でつくれる　できる子ノート』（旺文社）でも良い

●次に、大手塾教材へと進む。『予習シリーズ』（四谷大塚）を、算数は「4年上」の

レベルから、国語・理科・社会は「5年上」から、超速でやっていく

ガチ戦略③

少なくとも「ガチ戦略①」をやったのち、大手塾の授業に合流するか、個人塾・家庭教師を選び学習を進めていく

● 大手塾の中では「日能研」がオススメ。小5から小6になった段階でレベルが一度下がり、そこから段階を踏んで丁寧にレベルアップしていくカリキュラムになっているため。もしくは、「管理度合い」の高い個人塾や、家庭教師を選ぶ

「通塾なし。オンラインと家庭学習で進める」という選択肢もあるといえばあります。しかし、**小6スタートの場合は「テスト慣れ」を急ピッチで進める必要があります**。競争の雰囲気に一気に慣れるためにも、ぜひ通塾した方が良いと考えます。

模試はどんどん受けて、とにかく「テスト」に慣れていきましょう。ただし成績は、9月くらいまでまず伸びてこないもの、と思ってください。親子ともに、テスト結果をあまり気にしないこと。成果が出始めるのは10月以降、もしくは1月ギリギリの予想です。

それまでは決して焦らず、かつ、ひるむことなく、どんどん勉強を進めていくしかありません。

息子がゲーム大好き。禁止した方がいい？

Q

息子がゲーム大好き。「1日1時間」と決めていますが、どうやら私がいない間に隠れてやっています。勉強もそれなりに頑張っているからいいかと思う反面、受験も近くなって、のんきすぎないかと心配です。禁止すべきですか？

（小学5年男子母）

「ゲームは1日1時間」と決めているご家庭が多いようです。そのルールでうまくいっているなら良いのですが、そのことで場外バトルになっているご家庭も多いです。

これは、**ルール設定に問題がある**と僕は思います。

僕自身もゲーム好きなのでとてもよくわかるのですが、3時間以内に終わることは、まずありません。「1時間」とは短すぎて中途半端、やった気にもならないもの、余計続けたくなります。

そこで、提案としては「いくらでもやっていい時間を作る」。例えば「模試や塾のテストが終わったその日の夜だけは、いくらでもやっていい」などです。約束を破ったら、やっていい時間を減らすなどのペナルティーも合わせて決めておきます。

気をつけるのは、寝る時間が遅くならないように、睡眠時間はしっかりキープすること。

そして、小学6年生は1年間、少なくとも夏以降は、受験が終わるまで一切のゲームをやめること。突然宣言するとまたバトルになりますので、なるべく早い段階で合意をとっておく方が良いですね。

受験学年になってもゲームをやめられないという生徒は毎年いますが、その都度、僕はこう言っています。

「もしゲームをやって受験に落ちた場合、後悔を、この僕がするからやめてくれ」と。

ちなみに、僕自身は、4年生から完全禁止。その時はめちゃくちゃ親を恨んでいました。マンションの隣に住んでいた友達の家にゲーム機があったので、塾に行く前に寄って、よくやらせてもらっていました。そこのおばちゃんが、おかんには言わないでいてくれたのは、今から思うとありがたかったなと思います。5時には塾に行かなくてはいけなかったので、いつも強制終了。おかげで中毒にはならずにすみましたが……。

いずれにせよ、ゲームは、

「いくらでもやっていい時間を作ってメリハリをつけつつ、最終学年はゼロに」

それが僕が考える、ベストアンサーです。

Q

何が何でも行かせたい本命校。他も受けた方がいい？

我が家は夫が開成出身。息子も自然に「開成に行く」と言って頑張っていて、成績もかなり良いところにつけています。こうなったら何が何でも開成に行かせたいし、万が一ダメなら高校受験で……と思っています。ただ、塾からは併願校を考えるように言われました。行く気もないのに他も受けなくてはダメですか？

（小学6年男子母）

このご家庭の問題は「併願校を考えるかどうか」というよりも、「何が何でも開成」という思考の危うさにあります。

早稲田アカデミーにも「NN志望校別コース」があって、「NN開成」とか「NN女子学院」とかがあります。NNは「何が何でも」の略で、受験生親子にはわりと浸透した言い方のようです。早稲田アカデミーのように確信犯的に使うぶんには良いのですが、普通の家庭で「何が何でも開成」「絶対女子学院」などと言っているのは、かなり危ないです。

たまにスピリチュアルをたしなんでいる方などが「強く願い、イメージするほど夢は叶う」などといったりもします。ですが、僕が見てきた限り、**強く願うほどかえって、夢は遠のくことの方が多い**と、これまでの観測上思います。実際これが口グセだったり、格言として貼ってあったりする家庭ほど、いい結果は出ていないのです。

この理由を検証してみると、絶対○○、と自分やお子さんに何度も言い聞かせることは、どうも、精神的に余計な力み（りきみ）を生んでしまうようなのです。それが本番の弱さにつながっていく。

受験は、最後はメンタル勝負です。実力の上ではほぼ団子状となった子たちが、同じテストを受けて合否を分けることになる。「実力をしっかり出せた」子だけが受かっていくわけです。

子どもの中には、本番に備えて、直前期まで厳しく言った方がいい子もいるし、なだめたりおだてたりしながら泳がせていく方がいい子もいます。しかし、どんなタイプであっても、実力を発揮するためには「本番で力んでしまった」パターンになることだけは、最も避けなければならないこと。人間は力むと、普段では考えられないようなミスを連発してしまうからです。

「何が何でも○○中学」の思考やログセは、知らず知らずのうちに、余計な力みの土壌になってしまうのです。

また、「何が何でも○○中学」の思考は、他の選択肢を見えなくしてしまいます。

その昔、「絶対早慶」と常に言っている家庭がありました。中学受験では早慶付属校のみを受けたのですが全滅。公立中に進み、某大手塾で3年間準備し、トップクラスをキープしたまま高校受験に臨み、同じく早慶をすべからく受けました。が、結果不合格で、滑り止めの学校に行きました。

その子は、大学受験でもまた早慶に挑戦しようとしましたが、進学した高校は有名大学付属校であり、受験対策授業はしておらず、僕が止めました。十分に良い大学だったし、その子に合っていたからです。そもそも高校3年間では、早慶レベルに受かる学力には全く到達しませんでした。

そもそもなぜ、この親は「絶対早慶」だったのでしょう？　僕からすれば、早稲田と慶應は毛色も違いますし、特徴も違います。「早慶」と一括りにしている段階で、ある意味ブランド偏重なのではないかな、と思うのです。当時は若かったので意見を言えませんでしたが、今でも違和感と疑問が残っています。

もちろん目標としては良いのですが、できれば「希望」程度にとどめておき、状況に合わせて目標も変化させていく、もう少し臨機応変に対応させていく余裕が、親子ともにあった方が「戦い方」としては正しい気がします。

学校名に限らず、最近は「何が何でも共学がいい」などというお母さんもいますが、これも同じことです。

少子化で競争の激しい中、魅力ある中高一貫校は、実にさまざま存在します。にもかかわらず、そちらに目が一切向かず、視野が狭くなっているのは要注意ですし、お子さんの将来のために、とてももったいないです。

入試の併願計画はどのように決めたら良いですか？

Q

いよいよあと3ヵ月となり、併願校を決めていく時期に入りました。何か気をつけることはありますか？

（小学6年女子母）

塾や受験雑誌でもよくいわれることだと思いますが、**「合格」を1つ、入試期間の早めに取っておくと良い**です。

　この学校は受かっても行かないだろうと思っても、「合格が1個ある」という事実は、想像以上に小学生のメンタルを支えてくれます。戦い通すために必要な、心理戦略だと考えてください。

「合格1」のために、併願計画には、その子のおよその偏差値からマイナス10、少なくともマイナス5に属する学校の受験を、早めに設定しておくこと。「家庭では、偏差値は気にしないで」と何度か言っていますが、併願計画を決める時だけは参考値として使えます。

もし1月受験など早い受験で不合格だった場合は、2月の併願計画の再考をすれば良い。現実的にレベルを下げた方がいいので、冷静な判断材料になります。

ちなみに1月受験で不合格を食らうと、思う以上にキツい思いをします。

何年か前、1月受験が不合格で、こたつの中でシクシクと泣いた女生徒がいました。お母さんによると、その子はひとしきり泣いたあと、その足で美容室へ。髪をバッサリ切って、そこから猛然と、かつてないほど勉強を始めました。そして2月の結果は見事2校合格。今は楽しく、そのうちの一つの学校に通っています。

このケースは、1個の不合格が合格へ導いた例です。ただし、親子ともに、かなりメンタル的には厳しい入試期間だったようです。

また残念ながら逆もあり、1月受験で合格して、すっかり浮き足立って2月の本命校で油断してしまう子も、数年に一度は出ます。それはそれで、その子の人生勉強ではあります。

現在の中学受験では、一日の間に、午前、午後入試を設けるところもあり、受験機会も増えています。学校によっては複数回受けられるところも。

複数回受験は心理的には安心材料のようですが、ここに落とし穴があります。受けるほど合格の可能性が高まりそうですが、実際は逆。子どもにとっては、不合格を食らうほど、メンタルは削られていくと考えてください。たまに強靭な精神力を見せて、最後の最後に合格を勝ち取る子もいるにはいます。けれども多くの場合、入試回数を重ねるほど心身の疲れがたまり、どうしてもパフォーマンスが落ちていきます。

ごくまれに、

「合格率20％の学校も5回受けたら、1回は合格できるのでは？」

などと、とんでもない勘違いをしている方もいるので、要注意です（ンなわけはない!）。合格率は50％くらいないと、限りなくゼロに近いと僕は思います。

あと、先入観にとらわれず、あらゆる学校の情報を調べて、受験を想定しておくことも大切です。

僕が知る限り、

「2月1日、2日、3日、4日と不合格を連発して大あわて。見かねたママ友から、見たことも聞いたこともない学校の願書を譲ってもらって、出願と同時に受験してようやく合格」

という家庭もありました。念のため、この原稿のために確認したところ、その子は楽しく6年間通い、大学も良いところへ進学。今は立派な社会人となっていました。

「見たことも聞いたこともない学校」が入試期間中に、突然浮上する話は、わりとよくあります。ご縁があるところにはあるんです……ともいえますが、やはり本番であわてるよりは、あらゆる事態を考えて、備えておく方が賢いといえます。

Q

受験当日に向けて、気をつけておくことは?

受験まで、泣いても笑っても、あと1ヵ月。ここまできたら、あとは風邪、インフルエンザ、コロナにかからず、入試会場に送り出すことが親の役割かと。当日、親として何か気をつけておくことなどあったら教えてください。

(小学6年男子母)

1月に入ったら、起きる時間を当日と同じにしておくようにしましょう。できたら、出発の2時間くらい前までに起きるようにしたほうがいいです。

当日は、日ごろ落ち着いている親御さん、のんきにしていたお子さんにも、なぜか「思いがけないこと」が起こりがちなのです。

とにかく何か突発事故が起こっても、親があわてないことが一番。いきなり親がトップギアのテンションに入ってしまうことが、最も避けなければならないこと。そのためのリスク回避策の一つが、**「出発の2時間前に起きておく」**です。

思いがけない本番の事件簿、僕の20年間の実例を挙げておきましょう。

- 乗るバスを間違えた（何度も行っていたのに）
- 反対方向の電車に乗ってしまった（何度も行っていたのに）
- 大雪で電車が止まった
- 子どもが朝の電車で吐いた
- 当日朝、初潮があった
- 前日胃腸炎にかかった

・お弁当を忘れた
・受験票を忘れた
・滑り止め校の不合格を食らった

「ひええ……」とビビってしまったお父さん、お母さん、ごめんなさい。決して脅したくて、この事例を書いたのではありません。

落ち着いているつもりでも、どこか精神状態が高ぶっているので、「当日に限って」やらかしてしまうこともあるし、運命的に避けられなかったことが起きてしまうことはありうるのです。

でも、起きてしまった時に、

「長谷川センセが言っていたのはこれか！」

「このパターンで、きたか！」

と一瞬でも思えれば、わずかながら余裕ができる、と思って、あえて列挙してみました。

一番大切なことは、「軍師」として最悪想定をしておくこと。そして、子どもへの影響を極力抑えること。

突発事故が起きた時には、とにかく親の動揺を見せないで、対応できることをやるしかありません。大概のことはなんとかなるものです。

親が落ち着いている、落ち着いてみせることは（ポーズだけでも）、戦いのメンタルのために、思う以上に有効な戦略の一つになるのです。

ちなみに、「心配症のお母さんを置いて、日ごろ距離のあるお父さんと行ったところだけ受かりました」というケースも、なぜかよく聞くんですよね（笑）。

２０２１年度入試は、新型コロナウイルスへの警戒で、これまで以上に神経を使う場面が増えていました。

うがい、手洗い、消毒を徹底しすぎるほどやって、最後に教室に子どもを送り出した時は、

「ああ、これで私の役目は終わった」

と思い、崩れ落ちてしまった……と話してくれたお母さんもいました。

20年以上やっていますが、毎年入試期間中は僕もそわそわとしてしまい、眠れない日が続きます。

お父さん、お母さん、どんなことが起こっても、最後は笑顔で、戦士である子どもを送り出してあげてください。それが「軍師」の任務の一つです。

全落ちしてしまったら、なんと声をかけたら良いですか？

Q 万が一、我が子が受験した学校に全部落ちしてしまったら、と思うととても怖い。万が一の時、親はなんと声をかけるべきですか？

（小学6年女子母）

とにかく伝えたいのは、**「一生懸命、勉強したのだ」という事実は残っている**こと。

「あなたも、一生懸命やったよね」

と、心の底からねぎらってあげてください。

できれば家族会議などして、お父さんや兄弟から「お母さんもけっこう頑張ったよね」などと言えるように、お互いねぎらいあう機会があると良いですね。

ただし、子どもの気持ちが落ち着いてきたら、あえて「なぜ全部不合格という結果だったのか」を考えて、敗因をはっきりさせておきましょう。一見、酷なようですが、そのあとの展開が変わります。

案外子どもはケロッとして忘れることがあるので、記憶が残っている1ヵ月くらいの間にするといいでしょう。

受験勉強中に少しでも甘えが見られ、それが敗因となってしまったような子は特に、問題点だけはわかっておく必要があります。

なぜなら、大人は、「中学受験に全落ちしたら、当然高校受験は頑張ってくれるもの」と考えますよね。ところが、どこか甘えている子は、かなりの確率で、そのまま高校受験に持ち越してしまうのです。

結局、**「自分ごと」として、「自分で、なんとかしなくてはならないのだ」と、ほんの少しでも感じられるかどうかが、分かれ目になる**のです。

それは、つまり「自走モード」に向かえるかどうか、ということ。たとえ中学受験が不本意な結果に終わったとしても、それをきっかけに「自走モード」に覚醒し、高校受験、大学受験で目覚ましい結果を出す子も、中にはいるのです。

このタイプの経過をたどった子に聞いてみると、

「中学受験をしてよかった。あの挫折がなければ、私はここまで頑張らなかった」

と、ほとんど全員が話してくれます。

そういえば、たまに授業を頼まれる、中学生のDちゃんもその一人。中学受験は残念組でしたが、なんだかえらくしっかりした中学生に成長。これまではお父さんを通じて僕にメールが入っていました。ところが最近は、

「お父さんは頼りにならないから」

といって、Dちゃん本人から、スケジュール調整の連絡が入るようになっています。現在、大手塾のトップクラスに入ってバリバリ勉強していますので、高校受験に向けて、かなり期待できそうです。

最後に補足しておきますと、親として考えておいて欲しいのは、できれば「全落ち」をしないための、併願計画の工夫です。

受ける学校は、子どものおよその偏差値を軸として、各偏差値帯をまんべんなく1校ずつぐらい入れておく。すると、合格した学校に行く気はなくても、「今回は公立中に行くけれども、とにかく偏差値40まではいけたね」などと言えて、これは本人の勇気づけに大いに役立ちます。

ちなみに、中学受験の偏差値40とは、高校受験の偏差値60超のレベルに該当します。中学受験は教育熱心な層が受けるもの。子ども全体では上位2割くらいしか受けていないからです。その事実も、親はちゃんと知っておきましょう。

第4章

我が子を伸ばす運命校を見つけよう

我が子を伸ばす学校を見つけるには？

先日、「息子には頑張ってもらって、偏差値50以上の学校には行ってもらわないと！」と話していたお父さんがいました。偏差値は、学校を選ぶ時の参考にはなりますが、それだけに頼るのは、とてももったいない気がしますし、危険です。

今や私立中学や公立中高一貫校は群雄割拠。偏差値40台以下でも、経営努力をして熱意があり、「おお！　これは生徒も学校も成長していくであろうな」と十分予想される学校もあるからです。

逆に、広告宣伝上手のため、中身より、だいぶ評判と人気が上回ってしまった学校もちらほら。偏差値が高くても、人気にあぐらをかいた態度が散見され「危ないな」と思っていたら、あっという間に落ち目となった学校もあります（校名はここでは明かしませんが）。

かつて中学受験を経験した親御さんなどは、自分の母校や、かつて受けた学校の凋落ぶりにがっかり……というのも、よく聞く話です。

20年越しの「進学校オタク」としてはウオッチングに飽きることはなく、大変興味深いのですが、受験生親子は先入観にとらわれず、学校をよく見比べる必要があります。

出来れば小学5年までの間に、偏差値帯にこだわらず、なるべくたくさんの学校の文化祭や学校説明会・見学会に参加して、目を養っておくこと。

説明会に行くと、各校とも、一人一台のタブレット端末、グローバル教育、留学制度、ピカピカの校舎や充実した設備、「中2で英検2級」のお約束などなど、いろいろ魅力のオプションをアピールしてくるでしょう。それらに目がくらむと、学校の本質を見失ってしまいます。

まず**最低限大切なことは、「うちの子」を信頼して預けられる学校かどうか。**

中高6年の多感な時期、生徒が問題や悩みを抱えた時に、ちゃんと向き合ってくれようとする学校なのかどうかが、最も大事なことだと考えます。中には学校についていけなくなったり、来なくなった子を最初から放置するようなところも、残念ながらあるのです。「我が子を伸ばしてくれる」意思のある学校かどうかは、最低限見極めてください。

そこを見定めたら、たくさんの学校の中から、我が子をより伸ばしてくれる「運命の一校」「おいしい学校」を探すつもりで、学校ウオッチングを楽しんでみましょう。世間に評判の良い人気校が、我が子を伸ばしてくれる学校とは限りません。

「学校見学で見るべきポイント」として、僕がいつも参考にしていることは、次の通りです。

①校長・教頭の雰囲気、手腕（学校の方針。学校全体の気合いや舵取り、営業活動）

②先生・教諭陣の雰囲気、手腕（理想に燃え、社会に優秀な生徒を出すための教務力・情熱があるか。教えるのは下手でもいい。子どもには「やる気」の方が大事。3割の先生にやる気を感じるならオッケーとする）

③生徒の雰囲気（校風を決定づける）

偏差値が60以上なら、③→②→①

偏差値が50台なら②→①→③

それ以下なら、①→②→③

以上の順番で、チェックします。そして、この3つの項目以外は、基本見なくて大丈夫、と言っても良いくらいです。あ、部活に入りたい子などは、クラブ活動の種類や施設の有無などは忘れずにチェックした方がいいですね。

右の3要素の中でも、最もポイントとなるのが「③生徒の雰囲気」。入学したら先輩になる生徒が、自分の子と似ている子が多そうかどうかを見極めましょう（生徒を見る時のポイントの詳細は180ページ参照）。

学校の見方 1

中高一貫校はざっくり3タイプ

僕は、中高一貫校をざっくり4タイプ、1自由放任系、2規律・お世話焼き系、3バランス系、4新興系に分けています。ただし、「4新興系」は、現在ほとんどの学校が「2規律・お世話焼き系」に入りますので、実質は3タイプとお考えください。

ちなみに、自由か規律かといっても、これは校風や雰囲気のことではなくて、大学受験への学校側の「態度」のこと。ただ、その姿勢が結局、校風と雰囲気に影響しますし、どんな学校生活を送ることになるかにも大いに影響します。

どちらが良いとか悪いとかではなく、お子さんのタイプを見極めて、あなたのお子さんが「どちらがより伸びそうか」を判断する、一つの物差しにしてください。

なお、ここに例として挙げた学校は全て、「長谷川調べ」です。ご了解を！

① 自由放任系

例…麻布、桜蔭、栄光学園、鷗友学園女子、開成、神戸女学院、甲陽学院、女子学院、筑波大学附属駒場、東海、フェリス女学院、雙葉、洛南

だいたいのプロテスタント系女子校、大学付属系（青山学院、慶應、早稲田など）

《特徴》

- このグループは、学校自体のカリキュラムのレベルが高いところが多く、きちんとやっていると自然に難関大学に行けてしまう学力がつく
- 「自分でやる」ことが身についていない子は、雰囲気に流されて、大きくサボってしまう可能性も高い

●課題提出などの管理もゆるめ
●自分で時間の使い方が決められる裁量の範囲が大きい
●かなりの割合の子たちが、鉄緑会など外部の塾に行って大学受験に備える
●完全放置型の学校では、落ちこぼれてしまい、ロクなフォローがないまま留年、退学勧告の可能性もゼロではない

《こんな子・家庭に向きます》

●大学受験時、塾に行っても構わないと考えている
●自分で自分の時間管理をしたい
●自分の興味関心を持って、自律的に授業、定期テストが受けられる
●習い事ややりたいことが明確にあって、あまり授業や学校に時間を取られたくない

② 規律・お世話焼き系

例…海城、攻玉社、栄東、巣鴨、聖光学院、豊島岡女子学園、本郷、武蔵
だいたいの関西の進学校、公立中高一貫校、新興系（かえつ有明、芝浦工業大学附属、広尾学園、広尾学園小石川、三田国際学園、安田学園など）

《特徴》

- 学校側がいわゆる「塾いらず」「学校完結型」を表明しているところも多く、学校のカリキュラムだけで、大学受験勉強の準備がしっかりできる
- どうしても一人ではサボってしまいがちな子、雰囲気に流されてしまいがちな子の世話をしっかり見てくれるので、大きくつまずくことは少ない
- 入学時よりも学力が伸びる子が多い
- 授業数が多く、課題、居残り、補習もあり、学校だけでかなり忙しい。自分のペースで勉強を進めたい子には抑圧が強いことも
- 新興系は生徒を確実に集めて実績を積むために、2のスタイルをとることが多い

《こんな子・家庭に向きます》

- 大学受験時、塾には通いたくないと考えている
- 友達と一緒なら、勉強をより頑張れるタイプ
- 勉強に関して、どうしても怠け心に勝てない傾向のある子

③バランス系

例…渋谷教育学園渋谷、渋谷教育学園幕張、灘

《特徴》

- 基本的に自由放任の雰囲気があるが、年度末に補習があるなど、バランスが取れている
- 位置づけとしては、1自由放任系と、2規律・お世話焼き系の中間に当たる
- 近年人気が高く、非常に入りづらい

《こんな子・家庭に向きます》

- 文武両道タイプ。またはそれを目指したいと考えている
- 明るく、部活やプライベートでもやりたいことがいろいろある。しかし、学習面では一人ではダラけてしまう可能性が高いので、ある程度は強制されたいと考える

なお、ここでは決して書けなかった、僕の、本気の「推し」学校ランキング（と、

そのぶっちゃけ理由）を本書の特典として期間限定で動画配信しています。気になる方は208ページをご参照ください。

学校の見方 2

「なんとなく」が大事、生徒の「雰囲気」

最近の親御さんは、「自由で明るく、のびのびした学校」を好む傾向にありますが、それが我が子を伸ばすかどうかは別問題。

・自由で明るい↓落ち着きがない
・厳しそうで暗い↓落ち着いている

とも読めるのです。

生徒全体を見渡して、社交的でノリのいい子（最近は「陽キャ」ともいいますね）の占める割合が大きいと、人見知りの子（「陰キャ」）などは居心地が悪い、ということも事実あります。

この話をするとびっくりされることもあるのですが、「暗い」というのは決して悪いことではない、と僕は思います。

「この学校、バキバキの管理型だな。生徒たちは暗いし、目は死んでる……」と感じても、学校全体で高みを目指す雰囲気に乗せられて、我が子も自然に高みへ、というパターンもありうるのです。若い時分に厳しさを経験する方が、社会人以降成功することもありえますし、そのような事例も多く見てきています。

要は、いかに先入観をなくして、自分たちの判断基準を持てるかどうか、です。

生徒を知るには、学校説明会はもちろん、学園祭や平日に登下校の様子を見に行ったりして、「素」の姿を見ること。

我が子の「雰囲気」が、その学校の生徒の「雰囲気」に馴染むかどうかを感じてみてください。

と、親目線で書いていますが、もちろん学校に通うのは本人なので、お子さんも同じように「自分と合う子がいそうかどうか」を感じとってみること。「なんとなく」で良く、「なんとなく」の方が的を射ていることも多いです。

子どもが見る視点というのは、大人とは違うのでハッとさせられることも多いです。

例えば、教え子のＥくんはかなり優秀で、御三家の一つの男子校に興味を持っていました。僕自身も「このまま頑張ったら、いけるんちゃう」などと話していたのですが、小5の段階で「もうその中学は受けないことにした」と決めました。

理由を聞くと、

「文化祭に行ったら、玄関の下駄箱から階段が見えて、隅っこにホコリが溜まってた。あ、ここは絶対ないや、と思って、そのまま帰っちゃった」

とのこと。

Eくんにはもともと喘息があり、部屋のホコリはどこに行っても気になるポイント。ただ、それ以上に、肌に合わない「雰囲気」を一瞬で感じとったようでした。

お母さんも、

「いきなり回れ右して帰る、って言ったので、もうびっくりしちゃったんです」

と苦笑い。お母さんは、御三家をやめたので残念そうでした。

Eくんは結局海城中学校を選び、見事に合格して進学。確かに海城は、規律正しく実直なカラーがあります（校舎も清潔！）。それが、Eくんの求める雰囲気だったわけです。

学校の文化祭で、こんな経験をしたと話してくれるお母さんもいました。

「公開授業にも参加して、親子でかなり気に入っていた女子校があったんです。文化祭に行ったら雰囲気も良かったのですが……。帰る直前、屋上をたまたま通りかかったら、所在なく、ぼんやりしている子たちが溜まっていたんです。もし娘がこの学校に進学したら、文化祭の日をぼんやりと、屋上で過ごすほうに入ってしまうかもしれない。それは寂しいなと感じて。娘に話すと同じように感じたようで、結局、その学

合格したのは いいけれど……

やった
合格！
バンザーーイ!!
合格が決まると
多くの家庭が安堵
1つの区切りが
2月につきます
そして
入学後の新生活や
部活の様子など
楽しい様子がメールで
送られてきます
受験中は色々
大変だったけど
よかったなぁ
と 思いきや
ハメを外しすぎて
中学途中からまた
呼ばれることも……
先生
また助けて〜！

校はやめてしまいました」

こんな経験も実際に足を運んでこそ、ですね。

また、こんなウオッチング談を話してくれたお父さんも。

「近所にある私立中学の生徒は、学校帰り、電車に乗ると、かなりの確率で本や教科書を開くんです。でも、先日仕事で出かけた先の駅で見かけた生徒たちは、電車に乗ったらいっせいにスマホを触りだした。うちの息子は本を読む学校の方が、なんとなくしっくり来るし、そうであってほしいんだよな」

お父さん、ナイスウオッチ！です。

最後にもう一つ、頭に入れておいてほしいこと。

どんなに「雰囲気が良い学校」に行ったとしても、実際の生徒間にはいろいろな出来事が日々起こり、「みんな仲良し」はまずありません。

その中にあっても、総じて生徒たちがその学校が好きなのかどうか。帰属意識や誇りがあるのかどうか。そのあたりも、機会があれば生徒に話しかけるなどして「なんとなく」で良いので、感じてみてください。

複数の学校を見て回るうちに、親にも子にも、いろいろと違いが見えてくるはずです。

学校の見方 3

それでも迷ったら「大学進学実績」を見る

いろいろな学校を見比べていると、だんだんわからなくなってくるもの。どうしても迷ってしまう場合など、「大学進学実績」も一つの指標になります。

「うちの子は別に東大京大レベルを受けるつもりはない。ＭＡＲＣＨレベルに行かれたら御の字だわ」

などと考えていても、実際の大学受験をどうするかは別として、「大学進学実績」には含まれる情報が多いのです。決して無視すべきではありません。

「大学進学実績」でその学校が持つ実質的な力がわかり、勢いと伸びしろが測れます。特に**「国公立大の合格者数」に注目すると、その学校の、育成力のほどがわかります。**

国公立大の合格者数の見方は次の通り。

・関東エリア↓東大、一橋大、お茶の水女子大、東工大ほか、地方国立大学
・関西エリア↓京大、阪大、神戸大ほか、地方国立大学

以上の合格者数が、5年前後の合計で増加傾向になっているかどうか、を見てください（例：合計10人↓20人など）。

「増加傾向」ならば、その学校は伸び盛りと判断。「減少」ならば、その逆と読んで、まず間違いありません。

各学校とも、それぞれの学年に個性がありますので、1年や2年、ガクッと下がることはあります。だいたい5年合計だとトータルで傾向を見ることができます（新設校などは5年分に満たない場合もあるかと思いますが）。

なぜ「国公立大学の進学実績」なのでしょうか。

まず、国公立大学は1校しか受けられないので、私立大学のように一人の重複合格がありません。合格数を稼いで「合格実績」を演出することができないというのがあります。また、国公立大学受験のためには多くの科目と論述をやる必要があり、その学校の真の「教務力」の指標になりやすいのです。

また、中高一貫校の子は6年という余裕のある時間で、多くの科目をしっかりやっ

て、大学受験に備えることができる。国公立大学を狙って準備できれば、私大も良いレベルに受かります。「大は小を兼ねる」ではありませんが、「国公立大対策は私大対策を兼ねる」のが、日本の大学受験のシステムなのです。

進学校の先生の大事な役割は、生徒を信じ、大いに励まして、挑戦させること。教師陣に大学受験の仕組みの理解があり、生徒を伸ばそうとする雰囲気があるかどうか。**学校の姿勢が「国公立大の合格者数」に、表れてくる**のです。

「東大合格者数」は毎年、週刊誌や受験サイトなどでも話題になります。

基本的に15人相当の東大合格者を1学年から出すには、絶対的に高いカリキュラムと、学校でのフォローが要ります。

ある学校が、恒常的に1学年10人を超え、上下はありながらも15人程度のレベルに達したとします。これは学校内でのカリキュラムが安定し、教師陣にノウハウがたまってきた、と読めます。

ただし、女子校の優秀層は、より難関である医歯薬学部の志望が多いので、男子校よりも東大合格の実績が出にくい面はあります。

また最近では、海外大学志向も強まり、そちらに流れていることも。以前より東大合格者の数が減っていても、内実は多様性が増しただけ、ということもあります。注意深く、そのあたりもチェックしてみてください。

さらに、ディープな見方になりますが、東大・京大・阪大・東工大・一橋大「以外」の国公立大に、学校として何人を通したかというのも、参考になります。これは、「真ん中くらいのレベルの子が、その学校で頑張ったらどのレベルに行けるか」を示します。面倒見が悪い学校では、ここが芳しくないのです。

「けっこう中学入試の偏差値は高いし、文化祭などで見る生徒の雰囲気はいい感じなのに、進学実績が今一つパッとしないなあ」という学校も、わりと存在します。そういう学校は、学校側からの進学指導が基本ありません。「面倒見が悪い」というのとはまた違い、よくいえば生徒の自主性任せなのです。

このような場合、生徒の質は良くても、大学受験が後手後手にまわり、進学実績が落ち、偏差値が落ち、結果的に来てくれる生徒の質が落ち、学校全体が凋落してしまう危険性があります。実際にこの数年で、この経緯で落ち目となった学校は少なくはありません。
今現在のネームバリューや評判よりも、学校側の努力度合いや「勢い」に注目を。我が子を伸ばしてくれる「運命の一校」を掘り出しましょう。

令和の「文武両道」スタイル

「我が子を伸ばす」という面から、学校選びをする時に「生徒の雰囲気」「大学進学実績」を見れば良いと話しました。「大学進学実績」は、その学校の育成力だけを表しているのではありません。学校が、その子の「生きる力」を推進する方向にあるのかどうか、ということも示しています。

その証拠に、注意深く学校別の「大学進学実績」を見ていると、部活や課外活動を大事にする学校ほど、大学進学実績が良いことも、なんとなくわかってきます。いわゆる「文武両道」スタイルのところです。

第2章（「自走モード」）でお話ししたように、ひょろひょろのガリ勉くんタイプは意外に伸びず、体幹が鍛えられて前向きな姿勢ができている子ほど、結果的に伸びていくものです。

勉強だけできても、「長期視点」で子どもの人生を眺めた時に決してプラスではなく、また社会の役に立てる人材とはなれません。そこを学校側が理解しているかどうか、その姿勢を測れると思うのです。

言い方を変えますと、学校側が、真のエリート像をどのように考えているか、ということです。

ただし、仮にご縁のあった学校があまり部活動や課外活動に熱心でなくても、学外でチャンスはいくらでも作れます。

体幹を鍛えるような運動のほか、音楽、武道、芸術など、機会があるのでしたら、積極的に体験を積ませてあげましょう。

これまで親御さんが持っていた「文武両道」のイメージと外れるかもしれませんが、映画、アニメ、漫画、ｅスポーツなどのオタク・エンタメ系も大いにオススメします。

すでに実感している方も多いと思いますが、これからは高学歴が仕事に直結する時代ではありません。ＡＩ技術が発達して、社会の仕組みが激変していくのは自明の理。

学力を身につければ、まあそれでよかった時代は終わって、身につけた学力をどう使うか、という知恵とセンスが勝負となってきます。

つまり、机上の勉強ばかりでは世についていけなくなる。運動、音楽、芸術をやっていた方が、より「感性」が磨かれて視野も広がり、これからの時代を生きていく原動力になっていきます。

元教え子のＦくんは現在、某御三家男子高校２年生となりましたが、コロナでほぼ授業や部活がなくなった期間、毎日映画館に通っていたのだと教えてくれました。上映している映画を片っ端から全部観ていくという「行（？）」を、自分に課したのだそう。Ｆくんは少しおとなしいタイプなので、一人で実行したのかと思ったら、これに毎日付き合うクラスメートも一人いたそうです。また、学校の先生も面白がってくれたのだとか。

その話をするＦくん、小学校時代にはなかった輝きがあって、まぶしかった！

この場合、チケット代はかかってしまうけれど、たくさんの鑑賞体験は「感性を磨く経験」であることは間違いありません。Ｆくんのようなちょっぴりマニアックな子たちにもしっかり居場所があり、またそれを許容する雰囲気があるというのも、名門進学校の懐なのだと、僕は感じました。

昔は「オタク」とされていた分野でも、エンタメ系への感受性は、この後の時代を生きる子どもたちにはとても重要なこと。これから生きていくのに必要な力とは何か？　新しい観点でも、お子さんの教育を考え、また学校選びに役立ててください。

「学校説明会」でプロ目線の質問はコレ

気になる学校の説明会は、僕自身もなるべく足を運ぶようにしています。

ごく一部の、黙っていても生徒が集まる人気校をのぞいて、今は多くの私立学校は生徒を集めるべく必死。立派なパンフレットを作り、ペンやクリアファイルなどのノベルティーグッズも充実させて、涙ぐましい経営努力が見られます。

小学生対象の面白い公開授業を行っている学校も多く、こうしたイベントに参加すると、だいたい子どもたちは、その学校と「恋に落ちて」帰ることに。学校側の狙いもそこにあるのですが、お子さんにとっては受験勉強のモチベーションになりますから、大いに結構だと思います。

ただし、親としては、我が子が恋する相手の、爽やかな見た目に惑わされてはいけません。我が子を本当に幸せにしてくれるのか？を冷静に見極めたいもの。説明会の時に使える、プロ目線の質問をお知らせしましょう。

質問① 「数学と英語、教科書は何を使っていますか？」

数学は『体系数学』（数研出版）もしくは『プライム数学』（Z会）、英語は『NEW TREASURE（ニュートレジャー）』（Z会）もしくは『プログレス21』（エデック）なら安心。いずれも中高一貫校用です。「独自で作成したプリントを使用している」という学校も多いのですが、実物を見せてもらうと、案外こうした教科書が元ネタだということも多いです。

質問② 「高校内容はいつから入りますか？」

ベストアンサーは「中3から完全に高1内容です」。

質問①・②とも、**その学校が、中高一貫校であるメリットを、学校として本気で生**

かす方向にあるかどうか、の目安になります。もちろん全ての学校に当てはまるわけではありませんので、違う場合は、その理由や考えを聞くようにすると、さらにその学校の姿勢がわかることでしょう。

また、「自由放任系」グループの学校にはほとんど期待できませんが、補習制度があるかどうか、あるとしたら、どんな制度か聞いておきたいところです。

補習制度を子どもは嫌がるかもしれませんが、親としては安心ですし、長い目で見て結果、子どもの能力を伸ばしてくれる場合が多いです（塾の居残り制度と同じですね）。

また、「学校説明会」では、「本校の生徒」が前に出て、コメントする場面もあります。生徒会の子が話したりしますが、僕はこれもかなり注目します。選ばれた生徒は、学校の一つの理想像。情報にあふれているのです。

時々、モロ「言わされている感」が拭えない生徒もいます。それもまた、先生と生徒の距離感がうっすら垣間見えます。

大学付属の、とある共学中学の説明会では、5人ほどが舞台に上がりました。どの子も元気で明るいのですが、人前でしゃべるには言葉遣いが幼くて思わず頭を抱えてしまった、ということも。

ちなみに、僕が入ったころの母校は、このような場に出る生徒には、まずユーモアがありませんでした（失礼！）。ハキハキとしゃべるものの、どこか暗い感じの子が多かったのです。今でも厳しめの進学校にこのタイプは多いと思われます。

誤解しないでほしいのですが、これは決して悪いことではないと考えています。学校側に青春の苦悩と影を許容する器があるともいえるのです。

我が母校は、今振り返っても先生がたの熱量は素晴らしく、僕はここの卒業生であることを誇りに思っています。

最後の選択は子どもにさせる

現在、中高一貫校は大変な競争の中にあり、どの学校も特色を打ち出し、頑張っています。決して偏差値が高くなくても、魅力ある学校はさまざま。今はまだ世間の注目を受けず、埋もれているようなところもあるでしょう。

ぜひいろいろな学校を見て目を養って欲しいのですが、一番大切なことは、学校を選ぶ際の「最終ジャッジは子ども本人にさせる」ということ。「親に学校を決められてしまった」感覚を絶対に残さないようにすることです。

これは案外、簡単なようで難しいかもしれません。

小学生にとって、父親、母親の発言力は絶大。よく話し合ったつもりでも、どこかで、

「〇〇中学を選ぶとお父さんが喜ぶから……」

と、無意識に顔色をうかがっていることもあります。

親としては、子どもが恋するA中学がどうも気に入らず、自分が気に入っているB中学へ誘導したくなることもあるでしょう。

ただし、ここは、「軍師」である大人の耐えどころ。

子どもが素直な気持ちで、「あ、この学校に行きたいな、行ってもいいな」と思える学校を「自分で」選んだと思えるように、親は最大限の配慮をしてください。もちろん、人生の先輩として持つ見解は、冷静に伝えたらいいと思います。

「親が決めてしまった」感覚が少しでもあると、将来に禍根を残します。親御さんにとっても、こじれてツライ親子関係が待ち受けています。

どんな学校を選んだとしても、仮に誰もがうらやむ名門校に進んだとしても、進路など「博打」の要素が必ずあります。

中高6年間は何かとつまずくものですが、子どもによっては環境を親のせい、人のせいにして、逃げてしまうことがあります。こうなると精神的な成長が止まってしまうケースがあり、それが一番怖いです。

努力して憧れの第一志望校に入ったけれど、結果全く合っていなかった、雰囲気についていけなかった、トラブルが生じてしまった、ということは、決して少なくありません。そこでまた、高校を受験し直すケースもありえます。むしろ最近は、こうした事例も少し増えている感があります。

その時に「自分で」学校を選んだかどうかで、その後のお子さんの人生のありようが決まるのです。

もしこちらのアドバイスを聞かないで選んだ学校だったら、親は、

「ほれ、見たことか」

などと言いたくなるかもしれませんが、絶対に口にしてはいけません。子どもの気持ちを尊重し、挫折を全力で支えてあげてください。

自分で選んだ道ならば、途中で間違ったと思ったら、自分の力でなんとか修正していこうとします。

それは、まさに「自走モード」であり、生きる力を大きく育てる、貴重なチャンス。そして、親から子どもに渡せる、最強の「武器」であり、プレゼントとなります。

あとがき　親も「公平無私なる思考」を

中学受験に関して率直なところをお話ししましたが、いかがでしたでしょうか。

中学受験というのは面白くて、対象が生徒というよりは親御さんである感覚を持つこともあります。大学受験などでは、子どもはすでに大きく子どもが基本的には主体的に判断していくのですが、中学受験はまさに親子が一体となって戦っていきます。

そのため、中学受験の上位層は非常に学力の完成度が高く、勉強を徹底管理されてきた子の強さも感じます。親御さんが高学歴で勉強を教えられるご家庭では、低学年からハイレベルなカリキュラムを1年前倒しでやるような家庭学習のパターンもあります。

ただ、その距離の近さゆえに、いろいろとトラブルも起きてしまいます。

この本の中では「パターン」という言葉を多用していますが、これが教育の本質を表していると僕は思っています。

「面白い」「ここはすごい」と思える家庭は、すべからくこのパターンから少し外れていることが多いのです。

パターンにはまってしまう、ということは、「自分で」考えていないということを意味するのかもしれません。それがよいパターンであれば良いし、この本ではその良いパターンに持っていく方法を書かせていただいたのですが、やはりパターンを脱し、自分たちだけの何か、を子育てにおいても表現していただければと思います。

要は、親も「自分で」考えてほしいと思うのです。


人は不安になると、ネットやご近所の「詳しい」とされる方の意見などを聞きたがるものです。そして、塾や学校も含めた多くの人のいろいろな意見に翻弄されて、どんどん迷っていき、成績も結果も振るわず親子仲まで悪くなる例がよくあります。

それは、ああ言われたらこうして、こう言われたらああして、と親側に確固としたものがないことを表します。親がそのようでは、子どもをしっかり導くことはかなわないように思います。

自分たちの家庭は、自分たちにしか究極のところはわかりません。自分の子どもや家庭の状況を日々、注意深く、また俯瞰して見ていれば「こうすればいいんじゃないか」、という発想は自ずと浮かんでくるように思います。塾がこういったから、僕のようなプロがブログでこう言ってたから、ではなく、参考にするところはしつつも「公平無私なる思考力」を目指して、何者にも影響されず、オリジナルの子育てをしてくだされればと思います。

僕の人生を振り返っても、東大に入ってからは基本的にすべて自分で考えて、自分で決めて、貧乏も苦労もしてきました。

今も、働きながら戦国バトルメタルバンド「Allegiance Reign」にベーシストとして所属していますが、苦労も大きいですが楽しい毎日です。そちらも、アルバムを出し、レーベルにも所属して、海外バンドのOAなど、少しずつ大きく活動ができるようになっています。

何より、バンドをしていても、10代のころに進学校でしてきた苦労がそのまま今も生きているのを感じます。

それは、誰かのアドバイスに従うにしても、最後は「自分で」考え、「自分で」決めて、良心がチクリとしないやり方、後悔のないやり方をとってきたからですし、これからもそうすることでしょう。

また、子どもたちに良い影響を与えるべく、恥ずかしくない生き方をする、というポリシーもありまして、20代後半は貧乏すぎて死にかけた時期もあるのですが、おかげで真っ当に生きてこれています。そのころの生徒たちのおかげです。

僕は子どもたちによって、今もこれからも生かされていくことでしょう。

受験は時間制限もあり、非常にその人間の本性が出やすく、そこも面白いです。努力はやり切ればよい、というのを僕は受験から学びました。やり切れば、努力の結果がどのようであっても、それなりに「納得」できるし、「得心」がいくものです。親子共々、この境涯を目指してほしいですね。

中学受験は長くて3年。子育てもあと10年もあれば終わってしまいます。二度はない貴重な時間です。ぜひとも後悔のないようお過ごしください。

最後に、この本を創るにあたって、非常にお世話になった方々に謝辞を送りたいと思います。

僕の話を「本にしては」と推してくださったライターの本荘そのこ様、娘さんの子育てに自身も奮闘しながら支えてくださったライターの向山奈央子様、ど素人の僕をいろいろと導いてくださり、僕の適当な会話からあのような4コマまで入れてくださった講談社の庄山陽子様に厚く御礼申し上げます。

本を創るということが団体戦なのだ、ということがこの度、本当によくわかり勉強になりました。

多くの方に読んでもらえるように、僕も精一杯頑張ります。

では皆様、何かございましたら僕のブログ「お受験ブルーズ」までお越し下さい。

令和3年　葉月某日　長谷川智也

12 **『ガラスの地球を救え 二十一世紀の君たちへ』**
手塚治虫(光文社)

13 **『ファーブル昆虫記』シリーズ** ジャン・アンリ・ファーブル(集英社)

14 **『三国志』** 吉川英治(講談社)

15 **『アイ・ロボット』** アイザック・アシモフ(KADOKAWA)

16 **『幼年期の終わり』** アーサー・C・クラーク(光文社)

17 **『ボッコちゃん』** 星 新一(新潮社)

18 **『志高く 孫正義正伝』** 井上篤夫(実業之日本社)

19 **『新ゴーマニズム宣言 SPECIAL 戦争論』(漫画)**
小林よしのり(幻冬舎)

20 **『ゴーマニズム宣言 SPECIAL 天皇論』(漫画)**
小林よしのり(小学館)

21 **『蜘蛛の糸・杜子春《とししゅん》』** 芥川龍之介(新潮社)

22 **『山椒大夫《さんしょうだゆう》・高瀬舟』** 森 鷗外(新潮社)

23 **『ぼくは勉強ができない』** 山田詠美(新潮社)

24 **『小僧の神様・城《き》の崎《さき》にて』** 志賀直哉(新潮社)

25 **『ホーキング、未来を語る』**
スティーヴン・ウィリアム・ホーキング(SBクリエイティブ)

26 **『生物と無生物のあいだ』** 福岡伸一(講談社)

27 **『自分の中に毒を持て あなたは〝常識人間〟を捨てられるか』**
岡本太郎(青春出版社)

28 **『知らないと恥をかく』シリーズ** 池上 彰(KADOKAWA)

29 **『そして誰もいなくなった』** アガサ・クリスティー(早川書房)

30 **『新幹線の科学』** 梅原 淳(SBクリエイティブ)

長谷川オススメ書籍 30タイトル

どんな本でも基本は読まないよりは良いですが、学力を上げたいなら、基準は「1割から2割わからない言葉や構文があるもの」で選びましょう。受験に出そうなものを読みがちですが、それではあまり楽しくないし、学力もそれほど伸びないと思います。中学受験生はもう大人と同じ本が読めますし、そうなっていないといけません。下記に、中学受験生がトップ層を目指すのに適したオススメ本を挙げてみます。

1. **『ハリーポッター』シリーズ**　J・K・ローリング（静山社）
2. **『精霊《せいれい》の守《も》り人』シリーズ**　上橋菜穂子、二木真希子（偕成社）
3. **『鹿の王』シリーズ**　上橋菜穂子（KADOKAWA）
4. **『常識なのに! 大人も答えられない都道府県のギモン』**　村瀬哲史（宝島社）
5. **『バッタを倒しにアフリカへ』**　前野ウルド浩太郎（光文社）
6. **『紙の動物園』**　ケン・リュウ（早川書房）
7. **『東大卒プロゲーマー 論理は結局、情熱にかなわない』**　ときど（PHP研究所）
8. **『夏への扉』**　ロバート・A・ハインライン（早川書房）
9. **『銀河英雄伝説』シリーズ**　田中芳樹（マッグガーデン）
10. **『十五少年漂流記』**　ジュール・ベルヌ（ポプラ社）
11. **『山中伸弥先生に、人生とiPS細胞について聞いてみた』**　山中伸弥、緑 慎也（講談社）

長谷川智也
（はせがわ・ともなり）

ブログ名ジュクコ。1980年兵庫県明石市出身。高卒の両親のもとに育つもハードな中学受験を経験。白陵中学校・高等学校を経て、東京大学卒業後、大手塾に勤務、人気講師となる。2009年独立してフリーランスの「プロ家庭教師」に。既存の固定観念にしばられない、生徒個人を見つめた指導で数々の実績を上げる。独自のプログラム「究極の受験セカンドオピニオン・スーパーコンサル」は年間200件を超える申し込みが殺到する。甲冑メタルバンド「Allegiance Reign」のベーシストとしても本気で活動中。
著書には『中学受験 論述でおぼえる最強の社会・理科』『中学受験 論述でおぼえる最強の理科』（エール出版社）などがある。

ブックデザイン　小口翔平＋奈良岡菜摘（tobufune）
本文イラスト　成瀬 瞳
構成　向山奈央子
動画撮影協力　ロイド・スカーレット

予《よ》約《やく》殺《さっ》到《とう》の東《とう》大《だい》卒《そつ》スーパー家《か》庭《てい》教《きょう》師《し》が教《おし》える

中《ちゅう》学《がく》受《じゅ》験《けん》自《じ》走《そう》モードにするために 親《おや》ができること

2021年10月12日　第1刷発行
2024年 2 月21日　第7刷発行

著者　長《は》谷《せ》川《がわ》智《とも》也《なり》
発行者　清田則子
発行所　株式会社 講談社
〒112-8001 東京都文京区音羽2-12-21
電話　販売（03）5395-3606
業務（03）5395-3615
編集　株式会社講談社エディトリアル
代表　堺 公江
〒112-0013 東京都文京区音羽1-17-18
護国寺SIAビル6F
電話　編集部（03）5319-2171
印刷所　株式会社KPSプロダクツ
製本所　株式会社国宝社

KODANSHA

ISBN978-4-06-525126-3

初期限定

巻末特典

発表! 僕のぶっちゃけ「イチ推し」学校ランキング

個人的すぎて本には書けない、僕のオススメ学校とそのワケを、本書刊行の初期に購入してくださった方限定でお教えします(発売初期のみの特典ですので、予告なく終了する可能性があります)。ぜひご参考になさってください。

こちらへ

https://www.youtube.com/watch?v=ZuwLcEmh43c

＊ 動画サイト(YouTube)に接続されますことをあらかじめご承知おき願います。

＊ 動画は概ね15分ほどの長さです。

＊ 再生時に音声が流れますので、音量にご注意ください。

＊ お使いの機器により再現度を調整してください。

＊ 動画のご提供は初期限定として、予告なく変更、終了となる場合がございます。あらかじめご了承ください。

＊ 動画は個人の責任においてご利用ください。

＊ 動画再生にご不明な点がある際は、お取り扱い機種の説明書をご確認いただくか、メーカーにお問い合わせください。

＊ 動画の全部、一部について、再配布・変更・改変を禁じます。